CLAVES PARA LA MOTIVACIÓN PERSONAL

Cómo automotivarse para conseguir lo que desea

CLAVES PARA LA MOTIVACIÓN PERSONAL

Cómo automotivarse para conseguir lo que desea

RICARDO CALZA GONZÁLEZ

www.ricardocalza.es

Portada:
© 2014, Ricardo Calza González.

Foto del autor:
© 2014, José Antonio Domínguez Loureiro.

© 2014, Ricardo Calza González.

CreateSpace Independent Publishing Platform
1ª edición (Noviembre 2015); v30

ISBN-13: 978-1518789342
ISBN-10: 151878934X

ÍNDICE

I. HABLANDO DE MOTIVACIÓN…

«No conozco otro hecho más estimulante que la capacidad del ser humano para elevar su vida mediante un esfuerzo consciente».

Henry David Thoreau

LA NECESIDAD DE ESTAR MOTIVADO

Todo el mundo la quiere y todo el mundo la necesita, pero es esquiva y difícil de conservar. Si no la tenemos, notamos con amargo sufrimiento el vacío de su ausencia, pero es tan frágil que si la tenemos estamos siempre casi al borde de perderla. Tenerla o no marca la diferencia entre una persona y otra, y a menudo es la clave del éxito personal o profesional. Sin embargo, a veces basta una sola palabra para que desaparezca. Todos la necesitamos en los más variados aspectos de nuestra vida, porque es lo que nos ayuda a conseguir hacer realidad nuestros deseos.

No importa demasiado quién sea usted y qué es lo que desea. No importa si lo que quiere es conseguir un determinado trabajo, desarrollar una carrera profesional, montar una empresa, mejorar su rendimiento en alguna actividad, superar una ruptura sentimental, enamorar a una persona, sobreponerse a una situación personal difícil, superar un problema de salud, vivir de acuerdo a sus principios, ponerse en buena forma física... Sea lo que sea lo que quiere conseguir, necesita motivación, porque la motivación es lo que nos activa para que intentemos conseguir lo que deseamos. Por eso, la motivación está presente en todos los aspectos y ámbitos de la vida humana.

Desear algo, en sí mismo, no garantiza que seamos capaces de poner en marcha las acciones necesarias para conseguirlo. Es la motivación lo que hace que seamos capaces de hacer lo que hay que hacer para transformar nuestros deseos en realidad. Estar motivados y saber mantener esa motivación a lo largo del tiempo, superando las dudas, los pensamientos negativos y los cambiantes estados de ánimo a los que la mayoría de las personas estamos sometidas, es lo que nos permitirá mantener constante en el tiempo el esfuerzo necesario que invariablemente nos irá acercando al objetivo que anhelamos.

Ser capaces de autogenerarnos motivación es importante porque por mucha que sea la intensidad con la que deseemos algo, si nos falta o nos falla la motivación seremos incapaces de intentar conseguirlo. Demasiado a menudo la motivación depende de nuestro estado de ánimo y de si encontramos personas, situaciones o elementos que nos inspiren. Demasiadas veces dejamos nuestra motivación en manos del azar, y más bien parece ser algo con lo que esperamos encontrarnos que un estado personal que podemos manejar y controlar si tenemos los conocimientos adecuados.

Si bien es verdad que la experiencia en la vida puede enseñarnos a controlar en cierto grado nuestra capacidad para motivarnos, o al menos para no desmotivarnos, la realidad es que suele ser demasiado el tiempo que hemos necesitado para conseguir esa experiencia, y mientras tanto no hemos sido capaces de conseguir lo que queríamos.

Lo cierto es que, como cualquier otra capacidad psicológica humana, la motivación se puede aprender y se puede enseñar. Podemos aprender a generar en nosotros la motivación necesaria para conseguir lo que deseamos, y lo que es más importante, a mantenerla en el tiempo, sin dejar que circunstancias o situaciones como el desánimo, las opiniones de los demás o los fracasos nos la arrebaten. Podemos aprender a motivarnos y a controlar nuestra motivación.

La motivación es independiente de para qué la necesitamos. Sea lo que sea lo que queramos conseguir, necesitaremos estar motivados. Los recursos personales que hay que saber utilizar para motivarse adecuadamente son los mismos para cualquier persona, no importa para qué quiera estar motivada. Por esta razón, este libro está dirigido a todas las personas que, independientemente de para qué, necesitan motivarse y mantener estable su nivel de motivación para conseguir lo que desean.

¿DE QUÉ TRATA ESTE LIBRO?

Evidentemente, el libro trata sobre la motivación, pero para responder adecuadamente a la pregunta que da título a este apartado, considero que lo correcto es decir de qué trata y de qué no trata este libro.

De qué trata este libro

Este libro trata de la motivación, pero no de la motivación en general, sino de la de usted, de su automotivación, de la que necesita para conseguir lo que quiere.

Normalmente buscamos la motivación en libros, música, películas, vídeos, charlas o discursos, entre otros, muy emotivos y que sean capaces de contagiarnos estados de ánimo positivos. Aunque personalmente me llama la atención y me resulta muy inspiradora cualquier manifestación o expresión artística que emocione y motive, siempre me ha preocupado que la motivación sea cuestión de un rapto momentáneo de inspiración y que dependa de algo que veamos, escuchemos o que otras personas nos transmitan.

Demasiadas veces da la sensación de que el papel de la mayoría de las personas en la búsqueda de la motivación es pasivo, de que casi todos nosotros estamos a la espera de que sean otros quienes consigan motivarnos para que intentemos conseguir lo que, al fin y al cabo, nosotros, y no quienes nos motivan, deseamos.

Por eso, no me parece lo más adecuado que la motivación de una persona para conseguir lo que quiere dependa de su estado de ánimo o de la inspiración que algo o alguien le transmita. Siempre me ha interesado saber cómo poder conseguir generar de forma activa, es decir desde el interior de la propia persona, un adecuado estado de motivación y conseguir mantenerlo en el tiempo, sin que se vea afectado o debilitado por los estados de ánimo, que, cuando son negativos, provocan que se flaquee en la determinación por lograr un objetivo y por lo tanto se pierda efectividad en la búsqueda por conseguir lo que se desea.

Con este libro pretendo que usted cambie su forma de entender la motivación, proporcionándole unos conocimientos básicos sobre la capacidad de automotivación que todos tenemos y dándole unas claves que, a modo de reglas de fácil aplicación, le permitirán, por un lado, automotivarse, y por otro lado, conseguir que esa motivación tenga carácter permanente.

Para ello primero desglosaremos y explicaremos, de forma general y de la manera más accesible posible, los factores que influyen en la motivación humana, para que entienda qué es exactamente la motivación y hasta qué punto puede tener control sobre ella.

Después veremos las claves para la motivación personal. Estas claves, correctamente aplicadas, harán que aprenda a automotivarse y a mantener estable su motivación. En circunstancias normales, para la mayoría de las personas la motivación es una cuestión de momentos puntuales que elevan su estado de ánimo a un nivel más positivo, pero que no se mantiene en el tiempo. Con las reglas que explicaremos en este libro, cualquier persona aprenderá a automotivarse y a conseguir que su motivación sea duradera.

Este es un libro para todos los públicos, dirigido a cualquier persona que quiera aprender a automotivarse. Explicará el funcionamiento y los mecanismos de la motivación personal para que pueda incorporarlos a su forma de actuar y pensar, con lo que se producirá un cambio en cómo se entiende a sí misma y en cómo percibe la realidad. Esta es la mejor manera de asegurarse que las claves para la motivación personal perdurarán en quien las aprenda y le acompañarán a lo largo de su vida en todo lo que se proponga conseguir. No serán solo una serie de argumentos emocionales e inspiradores, cuyo efecto se diluya con el paso del tiempo y que termine, al fin, por olvidar.

De qué no trata este libro

Este no es un libro sobre cómo conseguir el éxito. No trata del éxito, sino de la motivación en sí misma. La motivación la necesitamos para conseguir lo que deseamos, que no siempre tiene por qué ser el éxito tal y como se entiende generalmente.

Los deseos de las personas son tan variados como las propias personas. Hemos nombrado ya algunos de ellos: conseguir logros profesionales, superar una ruptura sentimental, sobreponerse a una situación difícil o superar límites personales son solo algunos de los deseos que cualquiera de nosotros puede tener y para los que necesitamos estar motivados.

Debido a esa gran variedad de deseos posibles, en el libro no trataremos de cómo conseguir lo que una persona quiere, sino de cómo estar motivada para que intente conseguirlo. Más que enseñar a conseguir el éxito, el libro pretende que quien lo lea aprenda a autogenerarse la predisposición mental necesaria para conseguir lo que desea. El libro no tratará de motivarle, sino que pretende que aumente su autoconocimiento y su autocomprensión y que los utilice como herramientas y recursos personales para controlar y manejar su motivación, para así facilitarle conseguir ser o hacer lo que realmente quiere ser o hacer. Pretende ayudar a sus lectores a desarrollarse más como seres humanos, por medio del conocimiento y la adquisición de mayor control sobre la capacidad personal de automotivación. Si lo que alguien consiga después gracias a estar motivado es o no éxito, ya depende de cómo lo quiera calificar.

¿A QUIÉN ESTÁ DIRIGIDO?

El libro puede utilizarse tanto para uso personal, para lograr la motivación necesaria para intentar conseguir lo que se desea, como para uso profesional, en el caso de personas que, por razones profesionales, necesiten trabajar sobre la capacidad de motivación de otras personas.

Uso personal

El libro está dirigido a cualquier persona que quiera o necesite motivarse para conseguir lo que desea. No importan cuáles sean sus circunstancias personales ni tampoco importa qué sea exactamente lo que quiere conseguir. Sea lo que sea lo que desea, necesitará motivación para intentar transformar sus deseos en realidad. El libro le dirá cómo motivarse para que sea capaz de hacer lo necesario para conseguir lo que quiere.

Uso profesional

Al tratar sobre las claves para la motivación humana, y no sobre cómo conseguir un objetivo concreto, además de para uso personal, el libro también será de utilidad para diferentes tipos de profesionales: entrenadores deportivos, profesores, profesionales del coaching, preparadores personales, terapeutas, psicólogos, orientadores, consejeros, asesores, personal de recursos humanos, fisioterapeutas… Cualquier persona que por su trabajo necesite motivar a otras, encontrará en estas páginas recursos y elementos de ayuda y apoyo a los que recurrir para poder enseñar a otras personas a autogenerarse motivación. Profundizar en los mecanismos y las claves de la motivación humana le será de utilidad para poder ejercer su labor disponiendo de más recursos profesionales.

¿CÓMO LO HAREMOS?

Trataremos todos los temas necesarios para hacer una aproximación útil a la motivación, de manera que con su lectura se adquieran los conocimientos que se necesitan para entender la motivación humana y ganar control sobre la capacidad de automotivación, pero lo haremos de una forma práctica, sin excedernos innecesariamente y siempre orientándonos a la aplicación práctica de esos conocimientos.

Nuestra perspectiva

Para abordar la motivación y la automotivación utilizaremos una perspectiva particular. Primero, desarrollaremos brevemente una serie de conceptos que servirán para explicar e ir acercando al lector qué es exactamente la motivación y qué factores influyen en ella. Pero no nos quedaremos en explicaciones abstractas y generales. Con el propósito de ser prácticos, iremos más allá, concretando y dando unas claves útiles y eficaces que realmente sirvan para aprender a generar la automotivación.

Para entender la motivación humana he fijado mi atención, y extraído conclusiones, en personas que han conseguido lo que se proponían. Los ejemplos de estas personas, expresados a través de su vida, su trabajo y sus consejos, constituyen la mejor muestra de la aplicación práctica de formas de pensar automotivadoras que son inequívocamente eficaces y que han dado, sin ningún género de dudas, resultados contrastados.

He buscado estos ejemplos en todos los ámbitos de la vida y por diferentes medios. Más allá del interés que estas personas y sus logros puedan haber tenido para mí, he analizado y separado de su ejemplo las enseñanzas que he considerado de utilidad para conseguir dar con unas claves que sean válidas y eficaces para la motivación de cualquier persona, incluyendo la mía propia, independientemente de lo que quiera conseguir.

Escritores, deportistas, actores, científicos, militares, astronautas, pensadores, músicos, empresarios, personas anónimas, organizaciones... todos me han servido de ejemplo para extraer enseñanzas sobre cómo aprender a automotivarse para conseguir lo que uno desea.

Ayudas para la automotivación

Una vez que hayamos visto las claves para la motivación personal, el lector se encontrará con un apartado en el que se explican, de forma sencilla y de manera que resulten de fácil aplicación, unas técnicas de ayuda adicional que considero pueden servirle de apoyo para controlar y manejar su capacidad de automotivación.

Siendo la motivación una cuestión mental, como explicaremos a continuación, nada mejor que aprender a desarrollar un poco mejor algunos de los recursos personales que todos tenemos para ganar así mayor control sobre la capacidad de motivarse. Aunque la aplicación de las propias claves para la motivación personal ya le dará control sobre la capacidad de automotivación, incluyo también estas técnicas en el libro para poner a disposición de quien lo necesite algunos recursos complementarios de ayuda.

Punto de partida

El libro describe las circunstancias más extremas, dentro de la normalidad, en las que se puede encontrar una persona y desde las que debe ser capaz de generarse automotivación.

La situación personal de partida en la que se basa es la siguiente: usted desea algo y no le rodean unas circunstancias favorables para conseguirlo o no cuenta con personas que le ayuden o compartan ese mismo deseo. Por supuesto, es posible que haya lectores que sí tengan a otras personas que les ayuden a conseguir lo que desean, o que estén rodeados de unas circunstancias favorables, pero en el libro nosotros prescindiremos de esas circunstancias y nos centraremos en la persona que quiere conseguir algo, en cómo conseguir que se motive y que se mantenga motivada, para de esta manera establecer un punto de partida que, independientemente de las circunstancias externas de cada uno, constituya un mínimo común denominador para todos los lectores.

Al fin y al cabo, los deseos son propios, individuales, y si aprendemos a motivarnos sin ayuda de condicionantes externos y sin depender de circunstancias favorables, tanto más fácil nos resultará motivarnos cuando las circunstancias jueguen a nuestro favor. Y tarde o temprano siempre lo hacen. Eso sí, nos tienen que encontrar, motivados, avanzando en la dirección adecuada.

II. LA MOTIVACIÓN

«Veo al final de mi rudo camino que yo fui el
arquitecto de mi propio destino; que si extraje las hieles
o la miel de las cosas, fue porque en ellas puse hiel o
mieles sabrosas: cuando planté rosales, coseché siempre
rosas».

Amado Nervo
Poeta

¿QUÉ ES LA MOTIVACIÓN?

«Las personas olvidan siempre que la felicidad
humana es una disposición de la mente y no una
condición de las circunstancias».
John Locke
Filósofo

La motivación, como se dice de la felicidad, es una cuestión mental. A menudo se cree que la motivación es un estado de ánimo, cuando en realidad no lo es. La motivación es una capacidad psicológica, así que por lo tanto es una disposición de la mente. Lo que ocurre es que la motivación influye en el estado de ánimo, lo que hace que frecuentemente se confundan ambos. Si estamos motivados, tendemos a experimentar estados de ánimo positivos, y si nos desmotivamos, tendemos a experimentar estados de ánimo negativos, debido, en ambos casos, a que interpretamos la realidad de diferente forma. Es por esta razón que frecuentemente se confunden motivación y estado de ánimo.

Por ejemplo, una persona adecuadamente motivada tenderá a percibir los problemas como obstáculos superables, lo que hará que sus estados de ánimo sean positivos y que aleje de sí los estados de ánimo negativos provocados por circunstancias adversas. Ante el mismo problema, la disposición mental, es decir la motivación, generará estados de ánimo distintos.

Así pues, cuando hablamos de motivación, los estados de ánimo son una consecuencia de la motivación, no la propia motivación.

Además, también en contra de cierta creencia generalizada, estar motivado no significa necesariamente estar entusiasmado o inspirado. Estar motivado es estar focalizado, determinado y centrado en conseguir lo que se desea, afrontando las dificultades y los problemas como obstáculos que se pueden superar y sin dejarse distraer por cuestiones accesorias, incluyendo estados de ánimo, sensaciones internas o pensamientos negativos. Tener motivación consiste en perseguir un objetivo y estar dispuesto a poner en juego todos nuestros recursos personales para alcanzarlo, dando por bueno el esfuerzo que tengamos que realizar. La motivación es un estado mental mediante el que filtramos la realidad para interpretarla y valorarla como un medio para conseguir lo que queremos.

La mejor forma de comprender la diferencia entre motivación y estado de ánimo es imaginar a una persona que está sufriendo por causa del esfuerzo que le supone tratar de conseguir lo que quiere, pero que aun así continúa esforzándose. Si está adecuadamente motivada, será capaz de esforzarse aun bajo estados físicos y anímicos adversos.

Un deportista, por ejemplo, puede sufrir mientras entrena, cuando debe superar una lesión o cuando compite, pero es precisamente su nivel de motivación lo que hace que perciba todas esas situaciones como obstáculos que debe y puede superar para conseguir su objetivo. Para soportar el esfuerzo, necesita percibirlo no como un sufrimiento insoportable, sino como un medio para alcanzar una meta. Esa disposición mental es lo que le mantendrá motivado.

La persona que logra superarse mediante la automotivación, mientras está esforzándose por conseguir lo que quiere, no tiene por qué sentir en todo momento un estado de ánimo positivo o estar bajo un estado de inspiración especial. Sencillamente se comporta de acuerdo a unas claves mentales que son la base de su motivación y que le hacen percibir su esfuerzo como un medio del que valerse para conseguir lo que desea. De ahí la importancia de saber manejar, modificar y enfocar nuestra predisposición mental como forma de controlar nuestra capacidad de automotivación.

Motivus

La palabra motivación proviene de la palabra latina *motivus*, que significa «relativo al movimiento». Su significado ya nos da una idea de lo que es: lo que nos empuja a movernos, a actuar.

La motivación es un estado mental que todos hemos sentido alguna vez. Pero con los procesos que se dan en nuestra mente ocurre a menudo que, a pesar de que todos los experimentamos diariamente, la gran mayoría de las personas tiene solo unas vagas nociones de en qué consisten en realidad. Sentimientos, motivación, ansiedad, preocupaciones, pensamientos recurrentes, dudas... todos los experimentamos constantemente, porque son parte indivisible de quienes somos, pero sin embargo solo sabemos a un nivel superficial o intuitivo lo que son. Es probable que si se nos pidiera que definiéramos alguno de ellos en unas pocas palabras, nos resultara bastante difícil conseguir dar con una definición con la que nos quedáramos conformes.

A continuación vamos a ver, sin entrar en excesivas complejidades, una definición de motivación que nos servirá para entender mejor de qué hablamos y qué es lo que queremos conseguir exactamente con este libro.

La motivación es un proceso mental...

La motivación es un proceso mental. Como hemos dicho ya, es una predisposición mental, un estado de la mente. Y al ser un estado de la mente, está formada, lógicamente, por pensamientos.

La motivación no es un solo pensamiento. A veces un único pensamiento nos puede inspirar, o ayudar a mantener la motivación, pero la capacidad para motivarse no dependerá de que tengamos siempre presente en nuestra mente un pensamiento del tipo «quiero conseguir eso». La motivación es el resultado de un conjunto de pensamientos que nos hacen percibir la realidad de una determinada manera. Si esos pensamientos nos permiten interpretar la realidad y nuestra conducta como posibilitadoras de nuestros deseos, nos motivaremos. Si esos pensamientos nos hacen ver la realidad y a nosotros mismos como un obstáculo insalvable para conseguir lo que queremos, nos desmotivaremos.

Por lo visto hasta ahora, podemos deducir ya que para conseguir estar motivados deberemos trabajar sobre nuestra mente, en concreto sobre nuestros pensamientos. De entre estos, nos centraremos en los que nos dicen quiénes somos, qué queremos, qué somos capaces de hacer y cómo debemos hacerlo.

Así que eso es exactamente lo que haremos en este libro: trabajar la motivación personal desde el punto de vista mental, enseñando a cambiar o reforzar pensamientos que nos permitan autogenerarnos un estado mental automotivador que nos empuje a intentar conseguir lo que deseamos.

La motivación es un proceso mental dinámico…

Al ser un proceso basado en nuestros pensamientos, la motivación no es algo estático, sino que es dinámico: cambia en la medida en que nuestros pensamientos y nuestros estados de ánimo cambian. La motivación está en constante cambio, por lo que no solo no nos sentimos siempre igual de motivados, sino que también podemos influir en esos cambios si sabemos cómo.

Esta parte de la definición es importante para desde ahora mismo ganar mayor control sobre nuestra capacidad para motivarnos. El mero hecho de saber que no siempre es igual, que fluctúa, ya nos proporciona cierto control sobre ella, porque nos permite interpretar sus cambios de una forma más acertada. Este conocimiento nos será de utilidad a la hora de entender mejor varios aspectos de nuestra motivación:

— Que consigamos motivarnos hoy, no quiere decir que mañana vayamos a estar motivados. Debemos saber mantener la motivación.
— Que un día nos desmotivemos no quiere decir que al día siguiente no seamos capaces de motivarnos de nuevo.
— No siempre tendremos el mismo nivel de motivación, podemos pasar por altibajos, por picos de motivación. No debemos confundir nuestros momentos más bajos con haber perdido completamente la motivación. Si los confundimos, dejaremos de esforzarnos por conseguir lo que queremos, lo que nos afectará negativamente y puede provocar que acabemos convirtiendo un momento pasajero,

en el que nuestra motivación estaba en su punto más bajo, en un abandono.

La motivación es un proceso mental dinámico que influye en nosotros…

La motivación influye en nosotros, provocándonos unos impulsos que hacen que estemos dispuestos a poner en marcha acciones que nos lleven a conseguir lo que queremos.

La influencia que nos causa la motivación se traduce en tener más energía física y psíquica para intentar conseguir lo que deseamos. Estar motivados nos revitaliza y hace que encontremos fuerzas y ganas en donde antes parecía no haberlas. Quien consigue motivarse encuentra en su interior una vitalidad que parece haber surgido de la nada y de la que solo unos momentos antes de estar motivado no era consciente.

La influencia de la motivación, además de en mayor energía física y psíquica, se traduce también en una mejora en el estado de ánimo, como hemos apuntado en los primeros capítulos. La motivación provoca estados de ánimo positivos, que hacen que percibamos la realidad como menos hostil y más moldeable, que veamos las dificultades como superables y que interpretemos como salvables las diferencias entre cómo es el mundo y cómo se quiere que sea.

La motivación es un proceso mental dinámico que influye en nosotros, que se puede aprender…

Completando un poco más nuestra definición, podemos decir que la capacidad para motivarse se puede aprender y desarrollar. Es decir, no es innata, no nacemos motivados para conseguir lo que deseamos. Nadie nace con más o menos cantidad de motivación que otra persona. La motivación no viene al mundo con nosotros, por lo que no tenemos una cantidad limitada que si usamos ya no podremos volver a utilizar.

Si no es innata, la motivación es, por lógica, un estado que las personas se generan a sí mismas. Así que para aprender a motivarnos solo necesitamos conocer mejor qué es la motivación y cuáles son sus claves.

No hay diferencias entre las personas en lo que a motivación se refiere. Todos partimos de la misma situación, y por lo tanto cualquier persona, si conoce las claves adecuadas, puede ser capaz de automotivarse, sean cuales sean sus características personales. La motivación no entiende de diferencias entre personas, y está al alcance de cualquiera que se proponga conseguirla.

La motivación es un proceso mental dinámico que influye en nosotros, que se puede aprender y que nos empuja a actuar.

Terminamos ya nuestra definición de motivación. Partiendo de una frase corta, la hemos ido completando y añadiéndole contenido poco a poco, para que tenga sentido en cada una de sus partes y que resulte fácilmente comprensible.

La parte final de la definición remarca una vez más lo que hemos dicho con anterioridad. La motivación es un proceso mental que nos empuja a actuar, porque genera en nosotros impulsos que nos hacen emprender acciones.

En resumen, los pensamientos generan motivación, y la motivación genera impulsos que nos hacen actuar. Por eso, si somos capaces de aprender a automotivarnos seremos capaces de obligarnos a hacer lo necesario para conseguir lo que deseamos, dejando a un lado estados de ánimo, dudas o pensamientos negativos.

Ahora que conocemos mejor qué es exactamente la motivación, veamos cuáles son las consecuencias positivas que tiene sobre nosotros estar adecuadamente motivados.

CONSECUENCIAS POSITIVAS DE ESTAR ADECUADAMENTE MOTIVADO

«Haz lo necesario para lograr tú más ardiente deseo,
y ya verás como acabas consiguiéndolo».
Ludwig van Beethoven
Compositor, director de orquesta y músico

Estando motivados nos comportamos y hacemos cosas que nos llevan a conseguir lo que deseamos, o que al menos nos hacen avanzar en la dirección adecuada.

«Lo que hacemos» es lo que se llama experiencia, es decir, tenemos experiencia por las cosas que hacemos, no por las cosas que pensamos o que creemos que podemos hacer. Así, si usted prevé o imagina que hacer algo tiene unas consecuencias determinadas, no conseguirá experiencia, aunque sus previsiones sean correctas. La experiencia hace que interactuemos con la realidad, y durante esa interacción influimos en ella, y sobre todo, ella influye en nosotros, provocando cambios en nuestra forma de pensar, en concreto en nuestros esquemas mentales.

Por medio de la experiencia nos vemos afectados, positiva o negativamente, en nuestras emociones, sentimientos y en nuestra forma de pensar. Así que lo que hacemos tiene el poder de cambiar nuestra forma de pensar y por lo tanto también nuestra forma futura de comportarnos. Entonces, si queremos cambiar nuestra forma de pensar para ganar control sobre nuestra motivación, deberemos, no obligarnos a pensar de otra manera, sino a actuar de otra manera, para que así sea la experiencia la que cambie nuestra forma de pensar hacia una mentalidad automotivadora.

El poder que tiene la experiencia para cambiar la forma de pensar se puede comprender muy fácilmente, por desgracia, en el lado negativo: una persona que haya pasado por la experiencia de algunos fracasos sentimentales, puede acabar renunciando a su deseo de conseguir una relación de pareja estable, porque generaliza y llega a la conclusión, por su experiencia, de que «nunca encontrará a alguien». Eso le lleva a dejar de buscar a alguien o incluso a rechazar a personas con las que podría intentar una relación. Su experiencia ha cambiado su forma de pensar, y su forma de pensar ha terminado por cambiar su forma de actuar.

Pero si una o unas pocas experiencias negativas pueden cambiar nuestra forma de pensar, hasta el punto de que renunciemos a algo que en realidad deseamos, una experiencia positiva entonces deberá cambiar nuestra forma de pensar con más facilidad, ya que si está acorde con quienes somos, con cómo vemos el mundo y con lo que queremos, no opondremos ninguna resistencia a que nos influya. Nos dejaremos llevar.

Esta premisa es la que nos ayudará a generarnos automotivación. Si estamos adecuadamente motivados, haremos cosas y nos comportaremos siempre de manera que tratemos de conseguir lo que queremos. Bajo esa predisposición mental, aun el más pequeño avance constituirá una experiencia que influirá positivamente en nuestra forma de pensar y que por lo tanto contribuirá a reforzar nuestra motivación.

Las consecuencias positivas de la motivación

Son muchas las consecuencias positivas que tiene estar adecuadamente motivado. Brevemente desarrolladas, algunas de estas consecuencias positivas son las siguientes:

1.- Somos más eficaces y eficientes en lo que hacemos. Gracias a la motivación rendimos más y mejor en lo que hacemos, ya que cada acción la interpretamos como un paso que nos acerca a realizar nuestros deseos. Como consecuencia, ponemos más interés y atención en todo lo que hacemos, y tratamos de hacerlo lo mejor que podemos, porque somos conscientes de los beneficios que nos reportará.

2.- Sentimos menos cansancio y fatiga. Estar adecuadamente motivado disminuye la sensación personal de cansancio y fatiga que provoca el esfuerzo. Esto es así porque, primero, al realizar acciones para conseguir algo que deseamos, mentalmente nos centramos más en la recompensa que en las sensaciones de cansancio o fatiga, y segundo, porque somos conscientes de que lo que hacemos nos acerca a nuestro objetivo, lo que nos ayuda a dar por bueno el esfuerzo realizado.

A medida que sentimos que nuestra forma de comportarnos nos acerca a lo que queremos, aumenta nuestra motivación, por lo que, a pesar del esfuerzo que nos suponga, podemos llegar a comprobar, sorprendidos, que en lugar de sentirnos cansados, incluso notamos que tenemos más energía física y psíquica disponible.

3.- Ganamos autoestima. Emprender acciones para conseguir lo que deseamos nos aproxima a la persona que imaginamos que podemos ser, lo que hace que nuestra autoestima (la percepción y valoración que tenemos de nosotros mismos), aumente, ya que con nuestras acciones, nuestro yo real (quienes somos) se acerca a nuestro yo ideal (quienes queremos ser).

Además, una mayor autoestima se traduce siempre en una mayor seguridad en uno mismo y en las propias posibilidades y recursos para afrontar problemas y dificultades.

4.- Disminuyen los procesos psicológicos negativos, como la apatía y la afectividad negativa. La apatía consiste en la ausencia de sensaciones positivas o negativas, es un estado anímico casi neutro, en el que a la persona «tanto le da todo». Es una ausencia total de motivación y deseos. La afectividad negativa es la tendencia a tomarse a mal cualquier cosa que nos pase o se nos diga. Es un estado anímico de constante crispación y negatividad que predispone a ver siempre la parte negativa de cualquier situación.

Si estamos motivados, tendremos un objetivo, un referente según el cual valorar cualquier situación, por lo que estados mentales y anímicos negativos, como los que acabamos de describir, serán sustituidos por estados psicológicos positivos.

5.- Nos preocupamos menos. Si estamos motivados intentamos superar cualquier obstáculo que se nos presente, con lo que nuestras preocupaciones por futuros e hipotéticos problemas disminuyen, al darnos cuenta de que tenemos mayor control del que creíamos sobre ellos y sobre cómo nos afectarán. Tomamos conciencia de cuáles son nuestros recursos para afrontar las dificultades, y eso nos ayuda a preocuparnos menos.

En definitiva, estando motivados tenemos más facilidad para superar inseguridades personales, porque la motivación nos hace pensar y sentir que podemos hacerles frente.

6.- Desarrollamos sentimientos de validez y confianza. La motivación nos lleva a esforzarnos por conseguir algo y a aprender a superar límites y obstáculos, tanto externos como internos. Esto contribuye a que se cree en nosotros un sentimiento de que somos realmente capaces de conseguir algo si nos lo proponemos, de que somos útiles y válidos, lo que nos da una mayor confianza en nosotros mismos y una mayor seguridad en nuestras decisiones y acciones.

7.- Aprendemos a utilizar nuestros recursos personales. Cuando estamos motivados, nos enfrentamos a los obstáculos que nos impiden conseguir lo que queremos. Al enfrentarlos, tratamos de superarlos en lugar de resignarnos o retroceder ante ellos, con lo que aprendemos a utilizar mejor nuestros recursos personales: enfocar los problemas desde una nueva perspectiva, solucionar problemas, llevar a la práctica ideas o ser creativos, entre otros.

8.- Redescubrimos otras capacidades personales. Con una buena motivación no solo desarrollamos nuevos recursos personales, sino que aumentamos capacidades que ya veníamos utilizando, pero que interpretábamos como negativas.

Así, con la motivación aumentamos nuestra capacidad para soportar el esfuerzo, para tolerar la frustración, para tener paciencia (demorar la recompensa) o para seguir una disciplina personal. En resumen, con la automotivación ganamos control sobre más capacidades que la propia motivación.

9.- Valoramos positivamente el mundo. A menudo las personas percibimos la realidad como hostil, ya que constantemente pone en duda nuestra forma de pensar. Por eso solemos, en mayor o menor medida, adoptar una postura defensiva ante el mundo.

Estando motivados valoramos la realidad y nuestras circunstancias personales, sean cuales sean, como positivas, porque dejamos de percibirlas como barreras que nos impiden ser y hacer lo que queremos, para pasar a percibirlas como obstáculos que podemos superar, en muchos casos con mucha más facilidad de la que pensábamos.

10.- Somos más vitales. Con motivación somos más vitales, porque esforzarnos para conseguir lo que deseamos y enfrentarnos a nuestros miedos e inseguridades nos proporciona una sensación de realización personal (nos sentimos más como sabemos que podemos ser), lo que a su vez nos da una mayor vitalidad.

EL ESTADO DE ÁNIMO

«No lloramos porque estamos tristes sino que
estamos tristes porque lloramos».
William James
Psicólogo

En el capítulo *¿Qué es la motivación?* hemos dicho que la motivación suele confundirse con un estado de ánimo. Así es. Generalmente se acepta que estar motivado es un estado de ánimo, un sentimiento. Esto hace que a menudo nos juzguemos a nosotros mismos equivocadamente, diciendo que estamos motivados o desmotivados según cual sea nuestro estado de ánimo, cuando la realidad es que a pesar de que estemos bajo los efectos de un estado de ánimo negativo, nuestros deseos no habrán cambiado, y seguiremos queriendo conseguir lo mismo que cuando nos sentíamos motivados.

Como hemos dicho también, la motivación es un estado mental. Y al ser un estado mental, influye en nuestro estado de ánimo, ya que los sentimientos se originan a partir de los pensamientos.

Si tenemos una predisposición mental que nos hace tender a realizar acciones para conseguir lo que queremos, eso, por sí solo, ya nos generará un estado de ánimo positivo. A medida que vayamos realizando acciones que nos acerquen más a lo que deseamos, más estados de ánimo positivos nos autogeneraremos. Por eso se suele confundir la motivación con un estado de ánimo positivo.

Otro de los motivos por los que se suele confundir la motivación con un estado de ánimo es que normalmente nos motivamos, como decíamos al principio del libro, por medio de elementos externos (películas, libros, canciones o discursos, por ejemplo) todos ellos formados por componentes (imágenes, música o palabras) que nos inspiran. Estos elementos externos provocan que, mentalmente, a nivel más o menos consciente, acerquemos la persona que somos a la imagen mental de la persona que queremos ser. En el mensaje que percibimos en ellos vemos reflejada a la persona que nos gustaría ser. Eso nos inspira, porque crea en nosotros un ideal, y estos elementos motivadores nos dan una serie de pistas o consejos para conseguir acercarnos a nuestros deseos y, por medio de ellos, lograr ser las personas que queremos ser.

La inspiración y la propia motivación generan entonces estados de ánimo positivos que acabamos asociando o confundiendo con motivación. Pero la motivación, hay que repetirlo una vez más, es un estado de la mente. Estar motivados es estar determinados a emprender acciones para conseguir algo, y esa determinación nos puede llegar a posibilitar actuar incluso cuando estemos sometidos a la influencia de estados de ánimo negativos.

El problema, o incluso el peligro, de confundir la motivación con los estados de ánimo es que cuando desaparecen, si son positivos, creemos que ha desaparecido la motivación. Como consecuencia, dejamos de intentar conseguir lo que queremos a la espera de volver a sentir el estado de ánimo positivo que asociamos con estar motivados.

En realidad, los estados de ánimo son producidos por reacciones emocionales y por sentimientos inspiradores de poca duración. Irremediablemente, cualquier estado de ánimo, por positivo o negativo que sea, acabará desapareciendo con el tiempo. Usted mismo puede darse cuenta de que es muy raro que esté en un mismo estado de ánimo varios días seguidos, e incluso puede pasar por varios estados anímicos en el mismo día.

Los estados de ánimo se basan en las emociones, y las emociones son reacciones a circunstancias externas. Por eso, un elemento motivador externo nos provoca inspiración y estados de ánimo positivos. Pero al poco tiempo de haberlo visto, escuchado o leído, más temprano que tarde, acabaremos reaccionando emocionalmente a otra situación, posiblemente con una emoción distinta, puede que incluso negativa, y sentiremos entonces un estado de ánimo distinto al que confundíamos con la motivación.

Un ejemplo para este argumento lo podemos encontrar en un entrenador de un equipo de fútbol que dé a sus jugadores un discurso altamente inspirador o que les haga ver o escuchar un vídeo o una canción altamente motivadora antes de saltar al terreno de juego. Sin duda, los jugadores saldrán muy motivados y con mucha energía al campo, pero es más que probable que a medida que el esfuerzo físico y el partido se vaya desarrollando, ese estado de ánimo sea sustituido por otro, causado por nuevas situaciones (cansancio, resultado o incidencias del juego) que provocarán en los jugadores emociones distintas a las que generó el discurso, la canción o el vídeo. Serán otros factores, en este caso la verdadera determinación que tenga cada jugador para ganar, y no su estado de ánimo, los que le permitirán rendir al máximo nivel competitivo del que es capaz.

Así pues, la motivación no debe confundirse con estados de ánimo positivos. Si bien estar motivados en muchas ocasiones nos provocará estados de ánimo positivos, como entusiasmo y optimismo, la verdadera motivación es determinación, y está en un nivel distinto al de los estados de ánimo, por lo que podremos seguir motivados incluso bajo circunstancias emocionales negativas.

Los estados de ánimo son frágiles, en el sentido de que son cambiantes y poco duraderos. Por eso una verdadera motivación no debe estar basada en ellos. La verdadera motivación debe estar basada en un estado mental, en una forma de pensar a la que hemos llegado después de saber exactamente qué es lo que queremos, hasta qué punto estamos dispuestos a esforzarnos y cuáles son nuestros recursos para conseguirlo. Todo ello acompañado del conocimiento de qué es exactamente la motivación y cuáles son las claves para conseguir automotivarnos eficazmente.

LOS ELEMENTOS MOTIVADORES EXTERNOS

«¿Qué necesidad hay de tantas noticias de fuera cuando todo lo que atañe a la vida o la muerte ocurre y opera dentro de nosotros?».
William Law
Sacerdote y teólogo

Sabemos ya lo que es la motivación, conocemos las consecuencias positivas que tiene estar motivado y hemos visto que los estados de ánimo son una consecuencia, y no un elemento necesario, para conseguir generar la motivación.

Hablaremos ahora de los elementos motivadores externos. Los hemos mencionado anteriormente, pero en este capítulo nos centraremos en ellos.

Una gran mayoría de personas busca la motivación en lo que llamaremos *elementos motivadores externos*. Los elementos motivadores externos pueden ser muchas cosas: un consejo, una persona, un recuerdo, un libro, una película, una canción, un discurso... Hay multitud de ellos y pueden adoptar muchas formas y manifestaciones. Algunos pueden llegar a ser de extraordinaria belleza y tener una gran fuerza motivadora. Incluso en algunos casos, el arte, en cualquiera de sus expresiones, puede entrar en esta categoría, si bien considero que el arte, cuando actúa como elemento motivador, nos inspira y motiva no para conseguir nuestros deseos particulares y concretos, sino para llamar nuestra atención sobre otros ideales, más generales y compartidos por prácticamente todos nosotros (felicidad, paz, belleza, etc.).

Pero la motivación sobre la que nos centramos en el libro es la automotivación y esta, si bien en algún momento puede estar originada o apoyarse en elementos motivadores externos, debe estar basada en otra cosa, no en algo exterior, sino en algo interior. Solo así podremos ser capaces de generarla en cualquier situación, y mantenerla aun cuando las circunstancias externas sean adversas y no podamos recurrir a ningún elemento motivador externo. La automotivación, como veremos, se debe basar en conectarnos con quienes somos realmente, y eso lo conseguiremos sabiendo qué es lo que en realidad deseamos. Pero eso lo trataremos en uno de los próximos capítulos.

Los elementos motivadores externos generan inspiración y motivación. La inspiración es una chispa, y como tal de corta duración, que enciende en nosotros un deseo, un ideal. Esa inspiración da lugar a una corriente de motivación, pero por lo general ese tipo de motivación es poco duradera. A pesar de que puede ser muy intensa, porque esa inspiración despierta emociones que nos conmueven, suele ser frágil. Y es frágil porque la motivación generada en ese momento y de esa forma no soporta el traslado inmediato a la realidad.

Decisiones basadas en situaciones que provocan una motivación momentánea pero frágil pueden ser, por ejemplo, ponerse a dieta, dejar de fumar, conseguir una buena forma física, superar una tristeza, cambiar de trabajo, desarrollar una afición, etc. Solemos tomar estas decisiones de forma emocional, debido a que algún elemento motivador externo nos influye. Sin embargo, como la motivación que causó cualquiera de esas decisiones es poco consistente, casi ninguna de ellas se mantendrá en el tiempo. Lo normal es que sea tan débil que prácticamente no hagamos nada o casi nada por trasladar esos deseos a la realidad. Y normalmente lo poco que hagamos será rápidamente derrotado por la realidad, que siempre pone a prueba la solidez de nuestra motivación en cada paso que damos para intentar conseguir lo que deseamos, para comprobar hasta qué punto lo deseamos de verdad.

Una persona puede decidir ponerse en buena forma física porque alguien se lo ha aconsejado o porque ha visto a otra persona que está en forma y ha decidido tomarla de ejemplo. Pero si su motivación se basa solo en esa inspiración momentánea, es más que probable que no sea capaz de mantener en el tiempo la disciplina necesaria para obligarse a hacer deporte con frecuencia. Lo mismo ocurrirá con una persona que decida cambiar de trabajo porque alguien le ha convencido de que puede dedicarse a otra cosa que le hará más feliz o le proporcionará mayores ingresos. O con alguien que esté pasando por un mal momento personal y decida recuperar a una persona de su pasado que hace tiempo que se fue, con cualquiera que decida cursar unos estudios de larga duración solo porque le han aconsejado que es lo mejor para su futuro, o con una persona que decida montar una empresa solo porque se ha fijado en el éxito que otros han tenido.

En todos estos casos, y en muchos otros, si la motivación no es propia, y está basada solo en elementos externos, la realidad estará esperando siempre, emboscada, para poner a prueba la verdadera motivación y determinación que tenemos a la hora de conseguir lo que nos hemos propuesto. Y si nuestra motivación es frágil, difícilmente podremos superar todas las dificultades y obstáculos que implican intentar trasladar, de verdad, un deseo a la vida real.

Además, permitir que la motivación dependa de elementos externos, y no del uso de la propia capacidad de automotivación, provoca que la aparición de otros elementos externos, en este caso desmotivadores (problemas, dificultades, críticas, dudas), haga que el impulso para intentar conseguir lo que deseamos desaparezca rápidamente y con facilidad. Si actuamos así, siempre será el exterior, y no nosotros, quien determine cuánto puede durar la motivación y cuándo debe desaparecer.

La automotivación no debe basarse en los elementos motivadores externos. Esto no quiere decir que no podamos utilizarlos como herramientas para manejar y modular nuestra automotivación. Podremos recurrir a ellos para utilizar en nuestro beneficio su enorme capacidad de inspiración, su dosis de motivación momentánea y su apoyo, pero no debemos dejar que nuestra automotivación dependa de ellos. La capacidad de automotivación es nuestra, propia, particular, y somos nosotros los que debemos tener siempre el control sobre ella. Ser consciente de que podemos tener ese control nos ayudará, en buena medida, a aprender que para automotivarnos debemos utilizar *otra forma de pensar*.

OTRA FORMA DE PENSAR

> «Para llegar a la grandeza, un individuo debe ser osado, capaz de riesgos y propenso a enfrentar lo desconocido… pero ni siquiera eso es suficiente, debe exhibir el poder de la constancia: tener la voluntad necesaria para ir más allá de un triunfo (o un fracaso inicial) y seguir profundizando».
>
> Howard Gardner
> Psicólogo

La mayor y mejor capacidad que tenemos los seres humanos es el pensamiento. La capacidad de pensar es lo que ha hecho que, siendo físicamente inferiores a muchas otras especies, hayamos sido capaces de colocarnos en la cima evolutiva de nuestro mundo.

Sin embargo, y a pesar de que la capacidad de pensar que todos, sin excepción, tenemos, nos ha dado muy buenos resultados, pensar de la forma normal en que tenemos tendencia a hacerlo no produce motivación. Para conseguir motivarnos es necesario que aprendamos a pensar de una manera diferente a como lo veníamos haciendo hasta ahora.

Todos los seres humanos pensamos, pero en las complejas sociedades actuales, la forma de pensar que evolutivamente nos sirvió para ser la especie dominante no sirve, porque está tan extendida que es vista como normal y no resulta útil para conseguir marcar diferencias entre unos y otros. Nuestra forma de pensar «normal» compite y se enfrenta continuamente con circunstancias provocadas por personas que tienen nuestra misma forma de pensar.

Si pretendemos conseguir nuestras metas pensando de la misma forma en que todos los demás lo hacen, lo normal es que consigamos el mismo nivel de motivación que la mayoría de las personas, que generalmente no va a implicar mucho control sobre la capacidad de automotivación, y que por lo tanto acabemos consiguiendo los mismos resultados que el resto de las personas que quieren conseguir deseos parecidos a los nuestros.

Pensando como todos los demás, seremos una persona más, inmersa en una sociedad llena de personas que piensan como nosotros, que para conseguir lo que quieren hacen lo mismo y alcanzan el mismo nivel de motivación, que reaccionan al fracaso de la misma manera y que tratan de superar los obstáculos de la misma forma.

Para marcar una diferencia y ser capaces de automotivarnos es necesario que aprendamos a pensar de una forma distinta.

El pensamiento lineal

Normalmente las personas pensamos de una forma muy lineal. Para la mayoría, B viene siempre después de A, y C viene siempre después de B. Hemos desarrollado nuestra forma de razonar y de aplicar cierta lógica a las cosas mediante lo que hemos ido aprendiendo de los demás, sea por enseñanzas directas o por observación. Esto ha hecho que establezcamos unos límites ya no solo en lo que somos capaces de hacer o no, si no en lo que somos capaces de pensar. Esta es una forma de pensar basada en un *pensamiento lineal*, que sigue un curso preestablecido, con límites y con una coherencia prefijada desde afuera, no por nosotros.

Pensar de forma lineal hace que en muchas ocasiones no nos atrevamos ni siquiera a reconocer lo que verdaderamente deseamos, porque tememos el rechazo o las críticas de los demás. A menudo, muchas personas solo dan salida a deseos que saben que serán aceptados mayoritariamente, aunque en su interior lo que quieren sea otra cosa. ¿Cuántas personas intentan, de verdad, conseguir lo que desean? ¿Y cuántas de las que lo intentan lo hacen a su manera, haciendo lo que creen que tienen que hacer para conseguirlo, sin reparar en exceso en las opiniones o consejos de los demás? ¿Y cuántas emplean formas, medios o caminos nuevos y diferentes a los que los demás utilizan o que les dicen que deberían utilizar?

Pensar linealmente nos hace autoimponernos maneras preestablecidas de reaccionar ante las circunstancias, formas de pensar fijadas de antemano y barreras que nos hacen percibir muchas cosas como imposibles o inalcanzables, a pesar de que en la mayoría de las ocasiones ni siquiera hemos realizado un intento serio de conseguirlas. Pensando de forma lineal, nos guiamos por la experiencia y las conclusiones de otros, no por las nuestras.

Un ejemplo de este tipo de pensamiento se da en el caso de que hayamos intentado algo y hayamos fracasado. La mayoría de las personas dará el fracaso como definitivo y acabará aceptando que al menos lo intentó, aunque no lo haya conseguido. Una vez fracasado, hará lo que los demás le han «enseñado» que debe hacer: se sentirá mal, abandonará, se lamentará, e intentará otras cosas. O incluso se resignará a no intentar demasiadas cosas nuevas. Ante el fracaso, reaccionará fracasando. Se desmotivará y renunciará a su deseo porque se le ha dicho que intentar algo y no conseguirlo es fracasar.

Hay una gran cantidad de personas que ante un intento fallido aceptan los juicios de los demás y se sienten como los demás parecen decirle que debe sentirse: *«el fracaso es malo»*, *«retírate antes de que sea peor y busca otra cosa»*, *«eso no era para ti»*, *«no valías para eso»*, *«no estaba para ti»* son solo algunos de los argumentos que, de forma más o menos explícita, los demás nos imponen con su aprobación o desaprobación, con sus gestos, con sus comentarios o con sus actitudes. Nosotros acabamos aceptando esos argumentos y olvidamos la verdad más obvia para todo aquel que quiere algo: que no hay nada que haga más feliz a una persona que poder tratar de conseguir lo que realmente desea. Sin embargo, sin darnos cuenta, acabamos reaccionando como los demás nos dicen que debemos reaccionar y pensando como los demás nos dicen que debemos pensar. Dejamos así nuestra motivación completamente en manos de otros.

En una situación de fracaso tras haber intentado conseguir algo que se deseaba, ya no serán tantas las personas que, aun habiendo fracasado, sigan intentándolo, pensando que en lugar de un fracaso es un intento fallido y que no es definitivo. O que piensen que aunque sigan fracasando, fracasarán intentándolo, sin lamentaciones y sin resignarse. Tampoco será mucha gente la que, sin dejar que el desánimo se apodere de su motivación y la controle, se detendrá a analizar cuáles han sido las razones de que no haya podido conseguir lo que quería, y trate de averiguar cuáles han sido los errores que ha cometido para poder realizar un nuevo intento de una forma diferente.

Pensar fuera de los límites impuestos

Si queremos aprender a automotivarnos debemos acostumbrarnos a pensar fuera de los límites que los demás y nosotros mismos nos hemos impuesto, para así conseguir que las distintas situaciones de éxito y de fracaso, estados de ánimo, errores o muchas otras circunstancias que se dan cuando se intenta lograr algo que se desea, afecten lo menos posible a nuestra motivación.

Para empezar a controlar nuestra capacidad de automotivación debemos abandonar el pensamiento lineal que hemos aceptado sin discusión como único posible y empezar a pensar por nosotros mismos, utilizando nuestro propio criterio para decidir lo que es o no un fracaso o un éxito, para decidir en qué momento empezamos a intentar conseguir algo, cómo lo intentamos y cuándo lo daremos por conseguido o no. Y también para decidir por nosotros mismos qué recursos utilizaremos, qué caminos seguiremos y qué soluciones buscaremos a los problemas que nos encontremos.

Para lograr automotivarnos eficazmente debemos empezar a pensar de una forma constructiva y creativa, aprendiendo a reconocer las dificultades, a tomarnos nuestro tiempo siempre que lo necesitemos, a guiarnos por nuestro juicio y no el de otros, a encajar los intentos fallidos y a tratar de resolver los problemas con soluciones innovadoras. Pensar así hará que nuestra motivación no esté a merced de otros o de las circunstancias, y facilitará que percibamos más control sobre nuestros recursos personales, lo que provocará que seamos capaces de mantener nuestra motivación en el tiempo a pesar de cualquier dificultad con la que podamos encontrarnos.

Pensamiento constructivo frente a pensamiento lineal

Si el pensamiento lineal es la manera de pensar que nos hace valorar nuestras acciones y actitudes tal y como hemos ido aprendiendo a medida que crecíamos, frente a este tipo de pensamiento, opuesto a él, está el *pensamiento constructivo*.

El pensamiento constructivo es el que nos permite, por medio de nuestros pensamientos y nuestra forma de percibir la realidad, ir construyendo algo, primero en nuestra mente y luego en la realidad. Esforzarse por conseguir algo que se desea es una construcción, un trabajo que normalmente no se realiza de un día para otro, sino que requiere ir colocando una tras otra las piezas que componen nuestro deseo, y saber encajar los imprevistos dentro de lo que estamos construyendo, sin percibirlos como bolas de demolición que echan por tierra todo lo que habíamos conseguido hasta entonces.

Pensar constructivamente consiste en tener una línea de pensamiento cuya guía y referencia sea el objetivo que queremos alcanzar, y en base a ese objetivo, interpretar y utilizar todo lo demás para ir construyendo el camino que nos permita llegar hasta nuestra meta.

La motivación es una disposición mental, y el pensamiento constructivo es precisamente la herramienta que nos permitirá construir esa disposición mental.

Gracias al pensamiento constructivo nos acostumbraremos a pensar de otra manera, de una forma más creativa, porque tomaremos conciencia de que en nuestros pensamientos y forma de pensar no existen más límites que los que nosotros mismos nos pongamos.

Si pensamos de forma lineal, nos estaremos autoimponiendo límites, porque en ese tipo de pensamiento A lleva a B y B lleva a C. Sin embargo, pensar constructivamente nos permite darnos cuenta de que, a la hora de intentar algo, podemos empezar en B y luego pasar a A, o llegar a C sin haber pasado por B. Hay más caminos para conseguir las cosas y formas de intentarlo de los que veremos si solo usamos el pensamiento lineal. La realidad puede tener límites, pero el pensamiento no debe tenerlos. Nada nos impide concebir una idea, sea cual sea, y tratar de llevarla a la práctica, de la manera que se nos ocurra, para confirmar si la realidad la admite. Si pensamos así, es muy probable que descubramos que la realidad no era exactamente como la habíamos imaginado con nuestro pensamiento lineal.

Como veremos cuando expliquemos las claves para la motivación personal, estas se basan precisamente en este tipo de pensamiento. Pensar constructivamente nos permitirá ser más flexibles en nuestros juicios y valoraciones, tener más criterio propio, ser más creativos en la búsqueda de soluciones y menos rígidos al interpretar la realidad. Todos ellos elementos de gran importancia para ganar control sobre nuestra capacidad de automotivación.

III. LA AUTOMOTIVACIÓN

«La vida se encoje o expande en proporción al coraje de uno».
Anaïs Nin
Escritora

LOS ESTILOS DE AFRONTAMIENTO

«El querer lo es todo en la vida. Si queréis ser felices
lo seréis. Es la voluntad la que transporta las montañas».
Alfred Víctor de Vigny
Poeta, dramaturgo y novelista

Se llama *estilo de afrontamiento* a la forma que tiene una persona de afrontar los problemas. Es decir, a la manera en que los percibe, los analiza y los intenta resolver.

El estilo de afrontamiento tiene una gran relación con la capacidad de motivación personal. La motivación surge cuando se despierta en nosotros el deseo de conseguir algo, y se mantiene en el tiempo cuando somos conscientes de que disponemos de los recursos personales necesarios para superar los obstáculos que se presenten durante nuestro intento para conseguirlo. Así pues, tener un estilo de afrontamiento que nos permita encajar y resolver los problemas que, en forma de obstáculos y dificultades, aparecerán en el camino, hará que tengamos más control sobre nuestra motivación.

Cuando cualquier elemento motivador externo (una persona, un consejo, una película, un libro o una canción) nos inspira y nos motiva, generalmente es porque en él percibimos un estilo de afrontamiento que creemos que si lo adoptamos como propio nos ayudará a enfrentar y asimilar las dificultades en alguna situación personal propia. Eso nos inspira y genera en nosotros un impulso motivador.

Pero este efecto motivador suele ser poco duradero, porque las enseñanzas que extraemos de cualquier elemento motivador externo suelen ser muy generales y solo reflejan una forma de pensar con la que conectamos (por eso nos motiva) pero que no llega a calar con suficiente profundidad en nuestra forma de ver el mundo. La motivación que surge de elementos externos normalmente no modifica de verdad nuestra forma de pensar, solo nos emociona brevemente y nos genera unos pensamientos motivadores pero fugaces, con lo que su efecto motivador real es poco duradero.

Por esta razón, normalmente dependemos de utilizar de forma continuada este tipo de elementos motivadores para mantener en el tiempo nuestra motivación. Terminamos por seleccionar aquellas películas, libros, canciones, etc. que más concuerdan con nuestra forma de entender el mundo y de afrontar los problemas, y recurrimos a ellos constantemente para recibir una dosis de motivación que refuerce, durante algún tiempo más, nuestra forma de pensar.

Esta manera de motivarse tiene, sin duda, elementos positivos, pero es frágil, porque no produce un verdadero cambio en nuestros esquemas mentales. Solo un cambio efectivo y real en nuestra forma de pensar hará que seamos capaces de motivarnos a nosotros mismos y que mantengamos esa motivación en el tiempo. Al ser la motivación una predisposición mental, nada mejor para generarla y mantenerla que cambiar permanentemente nuestra disposición mental.

El lugar del control

Las personas, en nuestra manera de interpretar la realidad e intentar solucionar problemas, utilizamos, básicamente, dos estilos de afrontamiento distintos.

Estos dos estilos de afrontamiento se basan en lo que se conoce como *locus de control*. El locus de control es el lugar en donde cada persona percibe que está el control de una situación. Así, para cualquiera de nosotros el control de una situación puede estar localizado en uno de dos lugares posibles:

— **Fuera de nosotros.** En este caso se dice que usamos un *locus de control externo*. Quienes piensan siguiendo un locus de control externo perciben que el control está en el ambiente y en las circunstancias exteriores, con lo que creen que su propia capacidad de influencia en la realidad es limitada. Ambiente y circunstancias son los que realmente determinan el resultado de cualquier situación, más que los esfuerzos y las acciones de las personas. Una persona que piense de acuerdo a un locus de control externo tenderá a dejarse llevar por las circunstancias y a orientar sus esfuerzos para adaptarse a las condiciones del ambiente, antes que para intentar cambiarlas.

— **Dentro de nosotros**. Es lo que se conoce como usar un *locus de control interno*. Las personas con un locus de control interno perciben que tienen o pueden tener control sobre su propio destino. Se ven a sí mismas con capacidad para influir en las circunstancias externas por medio de sus acciones. Este tipo de personas tiene confianza en su capacidad para modificar las circunstancias que les rodean y para conseguir que se amolden a sus deseos y necesidades particulares.

Estos dos estilos de afrontamiento son, principalmente, las dos posibles formas que utilizamos cualquiera de nosotros para intentar conseguir nuestros deseos, interpretar los problemas y buscar soluciones que nos permitan resolverlos.

LOCUS DE CONTROL Y MOTIVACIÓN

Veamos cómo influye el locus de control en nuestra capacidad de motivación.

Estilo de afrontamiento con locus de control externo

Las personas que tienden a usar más un locus de control externo se enfrentan al mundo reaccionando ante las circunstancias. Aunque actúen, lo cierto es que su actitud es más defensiva que ofensiva, porque no pasan a la acción siguiendo sus deseos, sino reaccionando ante el exterior. Cuando traten de conseguir lo que quieren lo harán en función de si se les presentan oportunidades que perciban como favorables. Actuarán y harán cosas, pero como reacción a lo que ocurre en el exterior, no ante lo que ocurre en su interior.

Con un estilo de afrontamiento de este tipo la motivación para actuar dependerá más de los estímulos que se reciban del exterior que de los deseos propios, por lo que les será más difícil tener control sobre su capacidad de automotivación.

Quienes utilizan este estilo de afrontamiento generalmente tratan de buscar situaciones que les hagan sentir seguros antes de actuar. Con esta disposición mental, la capacidad para autogenerarse motivación es limitada, porque pensando y actuando de esa manera solo se consigue lo que se desea cuando las circunstancias lo facilitan. No se tiende a crear nada nuevo, sino solo a reaccionar ante las circunstancias. Este estilo de afrontamiento normalmente no lleva a conseguir exactamente lo que se desea, a menos que coincida con lo que hay disponible en el exterior.

Para conseguir generar automotivación, hay que tratar de pensar siguiendo un estilo de afrontamiento más propio de un locus de control interno. Este estilo es el que nos permitirá ganar control sobre nuestra capacidad automotivadora.

Estilo de afrontamiento con locus de control interno

Esta forma de ver la realidad sitúa el lugar de control más en nosotros mismos y en nuestros recursos y capacidades personales que en las circunstancias exteriores. Pensando y actuando según un locus de control interno nos motivaremos en base a nuestros deseos y trataremos de modificar el exterior para conseguir lo que queremos.

Las personas que siguen este estilo de afrontamiento actúan de la siguiente forma: surge en ellas un deseo, y a partir de ese deseo ponen en marcha acciones para conseguirlo. Esto provoca que sus acciones produzcan consecuencias en el ambiente, modificando las circunstancias que les rodean y provocando reacciones del exterior que utilizarán a su favor para conseguir lo que quieren.

Interpretarán estas reacciones exteriores de manera que encajen en su plan para conseguir sus deseos. Algunas de esas nuevas circunstancias serán vistas como obstáculos a superar y otras como ayudas para avanzar hacia su objetivo. En la medida en que se siga un locus de control interno todas las reacciones del exterior serán interpretadas de acuerdo a un pensamiento, que será del tipo *«¿cómo puedo superar esto o usarlo para conseguir lo que quiero?»*

Las personas que siguen este estilo de afrontamiento siempre tratan de tener el control sobre lo que piensan, no dejando que las circunstancias exteriores les afecten anímicamente y por lo tanto influyan en su forma de pensar. Seguir este estilo de afrontamiento proporciona control sobre la capacidad de motivación personal. Un estilo de afrontamiento basado en un locus de control interno es un potente generador de automotivación.

Cambiar el locus de control

Puede que algún lector haya pensado que tal vez no sea fácil cambiar el locus de control. Lo cierto es que las personas no se clasifican en «las que tienen un locus de control interno» y «las que tienen un locus de control externo». La mayoría de nosotros tendemos a utilizar uno u otro estilo de afrontamiento en función de la situación, más allá de que podamos recurrir con más asiduidad a uno o a otro. Por ejemplo, una persona tal vez utilice un estilo de afrontamiento basado en un locus externo para sus relaciones laborales, pero tal vez recurra más a menudo a un estilo propio de un locus de control interno para sus relaciones personales.

Para cambiar la forma de pensar, y por lo tanto el estilo de afrontamiento, no basta con decirse mentalmente que tiene uno que cambiar. Es como si estamos tristes y nos repetimos *«no estés triste»* para cambiar nuestro estado de ánimo. Normalmente eso no funciona.

Ganar control sobre nuestra capacidad de automotivación no implica que nos obliguemos a cambiar de forma radical nuestra forma de entender el mundo. No es necesario que alguien que tienda a usar más un locus de control externo tenga que cambiar forzosamente a uno interno, y actuar de una forma que no se corresponde con su personalidad.

La voluntad, la capacidad para pensar creativamente y la propia motivación por mejorarse nos permiten a las personas hacer cambios en nuestra forma de ser que no entran en conflicto con nuestras características innatas, pero que nos permiten mejorarnos y desarrollarnos más como seres humanos. En ningún caso alguien que tienda a usar con más frecuencia un locus de control externo debe pensar que le será difícil aprender a manejar las claves para la motivación personal.

Las diferentes formas de comportarse que vemos en otras personas en realidad se encuentran también en nosotros pero en un estado latente, porque solo hemos desarrollado una de sus tendencias. Todos tenemos margen, sin ir contra nuestra personalidad, para aprender a utilizar otras formas de pensar y actuar que son también nuestras, pero que no hemos desarrollado tanto.

En el caso del locus de control, no se trata de pasar de uno a otro, se trata de desarrollar un poco más la tendencia a usar un locus de control interno para interpretar determinadas situaciones, tendencia que tal vez por nuestras circunstancias vitales no hemos desarrollado tanto como la tendencia al control externo. De esta forma, modificaremos unos grados nuestra propia brújula interior, y nos aproximaremos un poco más a otra forma de ser que, si bien siempre ha sido posible porque la llevamos dentro de nosotros, no la hemos hecho realidad. Todos tenemos margen para aprender sin perder lo singular de nuestra personalidad.

Además, las claves para la motivación personal son sencillas acciones cuya sola aplicación ya nos permitirá actuar en base a un estilo de afrontamiento basado en un locus de control interno. Y actuar es lo que nos permitirá ir modificando poco a poco, sin cambios radicales, nuestra forma de pensar, y por lo tanto, cambiar también nuestro estilo de afrontamiento. Estos cambios se producirán dentro de los límites de nuestra propia personalidad, fluctuando dentro de variaciones posibles de los rasgos que la determinan. En ningún caso se tratarán de cambios que se opongan a nuestra forma de ser, sino que la desarrollarán. Al fin y al cabo aprender a automotivarse consiste en desarrollar una capacidad que es común a todos nosotros.

INSPIRACIÓN Y MOTIVACIÓN

«Crecemos en grandeza a través de sueños. Todas las grandes personas son soñadoras. Ven cosas en la suave neblina de un día de primavera o en el rojo fuego de una larga tarde de invierno. Algunos de nosotros dejamos que estos grandes sueños mueran, pero otros los alimentan y protegen; los cuidan a través de malos días hasta que los traen al calor del sol y la luz que siempre viene a aquellos quienes sinceramente esperan que sus sueños se hagan realidad».

Woodrow Wilson
Político

Los elementos externos que normalmente se usan para conseguir motivación, aparte de su propia función y de su belleza si se trata de creaciones artísticas (libros o películas, por ejemplo), más que motivarnos de forma duradera, realmente sirven para inspirarnos. Esa es su verdadera y gran utilidad.

La inspiración es un tipo de motivación, un impulso para actuar de gran intensidad, que tiene un efecto motivador poderoso, pero su duración es, en la mayoría de los casos, momentánea.

Los elementos externos inspiran, pero no siempre son recursos automotivadores confiables, como hemos visto en el capítulo en el que tratamos sobre ellos. No debemos permitir que nuestra automotivación dependa de ellos. Podemos usarlos para ayudarnos a encender la inspiración si es necesario, y para apoyarnos en ellos de vez en cuando al usar nuestra capacidad de automotivación, pero no deben ser los recursos centrales de nuestra capacidad automotivadora.

La inspiración y la motivación momentánea basadas en elementos externos pueden ser de gran intensidad, y es por esa intensidad que los elementos motivadores externos tienen una gran aceptación como motivadores personales: son aceptados por la gran mayoría de las personas porque son atrayentes, y sean cuales sean las características de personalidad y vida de cada uno, le acaban inspirando. ¿Quién no va a estar de acuerdo, por ejemplo, con mensajes, más o menos explícitos, como *«supera tus límites»*, *«sé quien quieres ser»*, *«encuentra tu verdad»*, *«no te des por vencido»* o *«haz lo que creas mejor para ti»*? Pocas personas no encontrarán inspiración en estos u otros mensajes similares. Pero, ¿cómo se llevan a la práctica? ¿Cómo pasar a la realidad estas enseñanzas para que sean aplicables a cualquiera de nosotros?

Los mensajes que encierran los elementos motivadores externos nos dicen qué pero no nos dicen cómo. Por esta razón, de entre todas las personas que se sientan inspiradas por ellos, ya no serán tantas las que serán capaces de mantener encendida la chispa de la motivación, y conseguir que se mantenga estable en el tiempo pese a las dificultades con las que se encuentren. Si fuera así, el mundo estaría lleno de personas que han conseguido exactamente lo que deseaban.

La inspiración sirve para despertar en nosotros el deseo de alcanzar un ideal con el que nos identificamos, y con cuya consecución pensamos que nos sentiremos realizados. Pero al ser un impulso momentáneo, una vez que ha despertado en nosotros el deseo por conseguir algo, la automotivación es el mejor recurso del que disponemos para lograr mantener en el tiempo las conductas necesarias para conseguir nuestro deseo.

Sin automotivación es muy difícil que la inspiración o la motivación externas nos sirvan para mantener las conductas que nos lleven a nuestro objetivo. En el momento en que de verdad nos estamos enfrentando a la realidad, sufriendo fracasos, decepciones, desilusiones y dificultades que afectan directamente a nuestro estado de ánimo e influyen implacablemente en nuestra forma de ver la realidad, es la automotivación, y no la inspiración, la que hace que seamos capaces de seguir adelante sin abandonar.

Bajo el peso de las circunstancias y del ambiente, nuestra motivación, si no está sólidamente construida sobre las bases de nuestra forma de pensar e interpretar el mundo (la disposición mental), se vendrá abajo. Por eso, la mejor motivación para conseguir lo que queremos será siempre la que nosotros mismos nos generemos.

Pero antes de que la lectura de este libro le adentre en los capítulos que explican las claves para la motivación personal, primero es necesario que sepa cómo encender la chispa de la inspiración. Una chispa que, adecuadamente avivada con esas claves, se convertirá en la llama que nos proporcione (a usted, a mí y a cualquier persona que quiera aprender a automotivarse), la energía para que intentemos conseguir, con efectividad y constancia, lo que deseamos.

Esa chispa se puede encender sin necesidad de recurrir a elementos externos que nos inspiren. La mejor manera de encenderla es sabiendo exactamente qué es lo que queremos conseguir. En definitiva, sabiendo qué deseamos en realidad.

¿QUÉ ES LO QUE DESEO?

Si bien un buen manejo de la capacidad de automotivación posibilita usarla para motivarse incluso para lograr cosas que no se desean, lo cierto es que la forma más eficaz de generar y mantener automotivación es usándola para conseguir lo que de verdad queremos. Es por esto que las claves que vamos a explicar en este libro se basan en motivarse para conseguir lo que se desea. Al final del libro, en los capítulos de *Notas finales*, entraremos más en profundidad en esta cuestión.

No es tan fácil, como puede parecer en un primer momento, saber lo que uno desea. Lo que nos hará la vida más cómoda, lo que los demás nos dicen que debemos desear, lo que se nos antoja, lo que queremos un poco, lo que nos gustaría… todo eso no siempre coincide con lo que deseamos realmente. Es fácil pensar en ejemplos de personas que tienen todo lo que acabamos de mencionar pero no se sienten felices. Y no se sienten felices porque en realidad no tienen lo que desean. Tienen lo que creen que necesitan, lo que les hace la vida más fácil, lo que les dijeron que debían desear… pero no lo que ellas, de verdad, desean.

Así que no siempre es fácil saber lo que se desea. Es más, en ocasiones es tan difícil que a veces solo llegamos a descubrirlo después de aguantar o hacer durante mucho tiempo lo que otros nos dijeron que deberíamos desear o lo que realmente no deseábamos.

Saber lo que se desea es, en buena medida, saber quién queremos ser, porque conseguir lo que de verdad deseamos nos ayuda a convertirnos en la persona que queremos ser. Desear algo no es solo quererlo, es reconocer que algo nos inspira lo suficiente como para que estemos dispuestos a aceptar situaciones y circunstancias negativas con tal de conseguirlo. Lo que realmente deseamos generalmente no tiene que ver con el dinero, con el éxito social o con el reconocimiento. Tiene que ver con qué tipo de persona queremos ser y con qué nos gustaría hacer con nuestra vida. Desear algo tiene que ver con dar salida a lo que llevamos en nuestro interior, algo que la presión de la realidad exterior, y nuestra falta de confianza en nosotros mismos, suele mantener encerrado.

En demasiadas ocasiones mantenemos esos deseos fundamentales incluso ocultos a nuestra propia vista, sacrificándolos a cambio de conseguir seguridad o aceptación y evitar sufrimientos, decepciones o las críticas de los demás.

Saber lo que uno desea es difícil porque supone saber qué o quién se quiere ser. Sin embargo, una vez descubierto la fuerza motivadora que generará será tan fuerte que será aún más difícil todavía dejar de desearlo.

Conseguir lo que deseamos, o al menos tener la oportunidad de intentar conseguirlo, nos conecta con quienes somos y nos acerca a la persona que queremos ser. Eso nos hace felices. Por eso hay personas que, por ejemplo, en sus trabajos son capaces de enfrentar situaciones a las que otros no nos prestaríamos por mucho dinero que se nos ofreciese. Por esa razón hay personas que hacen con su vida cosas que los demás no entienden.

Intentar conseguir lo que realmente se desea tiene un efecto motivador tan poderoso que si logramos mantenernos focalizados en conseguirlo, usando adecuadamente las claves para la motivación personal, seremos capaces de superar y aguantar, si es necesario, circunstancias que para otros resultarían adversas y profundamente desmotivadoras.

Saber lo que queremos

A la vista de lo dicho hasta ahora podemos deducir que si la motivación es un estado mental que nos hace intentar conseguir nuestros deseos, para motivarnos adecuadamente tendremos que saber exactamente qué es lo que deseamos. En resumen, tendremos que saber para qué queremos estar motivados. En la medida en que tengamos claro para qué queremos la motivación, más fácil nos será conseguirla.

Así pues, el primer paso para generar automotivación es saber cuáles son nuestros deseos. Saber qué se desea es muy importante porque nos conecta con quienes somos y con quienes queremos ser. Y cuando logremos esa conexión aparecerá la chispa de inspiración que encenderá nuestra motivación. Si de verdad deseamos algo, mediante cada acción que llevemos a cabo para lograrlo le estaremos dando salida a nuestra personalidad, lo que será la mejor herramienta que encontraremos para mantenernos motivados.

Los deseos

Los deseos son la base de una adecuada motivación. Lo que nos motiva es lo que conecta con lo que realmente queremos. Y lo que de verdad queremos es un reflejo de quienes somos.

Una canción, una película, una historia, un discurso o cualquier otro elemento motivador externo nos motivarán si logran trasladarnos la imagen de la persona que queremos ser. Durante el tiempo que dure esa conexión entre quienes somos y la imagen que vemos en nuestra mente de quién queremos ser es cuando aparece la motivación.

Las personas por lo general vamos viviendo y reaccionando a las circunstancias de la vida. En las sociedades modernas, los acontecimientos se suceden tan rápido y el flujo de información que nos llega es tan grande, que rara vez nos paramos en serio a pensar en quién queremos ser, en la clase de persona en la que nos gustaría llegar a convertirnos y en cómo queremos vivir nuestra vida.

A menudo, solo durante los instantes en que dura una ensoñación, una canción, una película o un consejo que nos inspiran, nos vemos tal y como querríamos ser. Percibimos en ellos una proyección mental de nosotros mismos, no demasiado concreta, compuesta tal vez solo por unas cuantas imágenes o algunas situaciones sin demasiada conexión lógica pero que nos resultan inspiradoras. Sin embargo, debido a lo rápido del ritmo de vida actual, rara vez dedicamos suficiente tiempo a desarrollar esa inspiración momentánea. Continuamos dejando esos accesos repentinos de motivación en manos de elementos externos, a los que recurrimos de vez en cuando para tener de nuevo esa imagen mental de nosotros mismos y así encontrar cierto equilibrio, al conciliar, mentalmente y por unos instantes, quienes somos con quienes queremos ser. Eso nos reconcilia con nuestros verdaderos deseos y nos proporciona cierta paz interior.

Además, normalmente actuamos, en nuestra automotivación, de forma pasiva, dejando que sean los elementos externos quienes nos motiven y no tomamos el control. No construimos nada a partir de la inspiración que nos generan esos elementos externos. Para ganar control sobre nuestra inspiración y nuestra motivación, debemos tomarnos un tiempo en averiguar qué es lo que queremos y en qué grado lo queremos. Porque si nos centramos en conseguir lo que realmente deseamos, la motivación surgirá de forma espontánea y sin esfuerzo. Y se mantendrá, a pesar de las dificultades, mientras tengamos claro cuál es nuestro deseo.

Tipos de deseos

Todos tenemos deseos, pero no todos nuestros deseos tienen la misma intensidad. Hay unos que son más intensos que otros, y a los que nos resulta más difícil renunciar. Eso se debe a que esos deseos nos representan, representan quiénes somos y cómo nos gustaría vivir. Nos será más fácil generar motivación para los deseos que más anhelamos que para otros que también queremos pero con menos intensidad. En la medida en que los reconozcamos y sepamos distinguir unos de otros, ya habremos ganado capacidad de automotivación.

Así que para conocer mejor y saber usar con más efectividad nuestra capacidad de automotivación nos será de gran utilidad saber cuáles son nuestros deseos, y de entre ellos, cuáles son los más intensos.

Antes de ir con la herramienta que nos permitirá saber qué deseamos realmente, vamos a explicar los tipos de deseos que tenemos las personas, para saber en cuáles de ellos podremos aplicar con más facilidad las claves para nuestra automotivación.

Los deseos de cualquier persona pueden ser, principalmente, de dos tipos:

1.- **Deseos generales.** Este tipo de deseos son comunes a prácticamente todas las personas. Son deseos abstractos y de carácter general, sin una meta bien definida. Ejemplos de este tipo de deseos serían ser feliz, ser rico, ser amado o tener salud.

2.- **Deseos concretos.** Este tipo de deseos es más propio de cada persona en particular. Al ser deseos más específicos, resultará más fácil fijar metas para conseguirlos. Como ejemplos de este tipo de deseos podríamos citar conocer a una determinada persona, conseguir ganarse la vida con cierto de trabajo, lograr un cambio físico o superar una situación personal difícil, entre muchos otros.

Para ambos tipos de deseos es necesaria la motivación, pero las claves para la motivación personal serán más útiles para conseguir los segundos, los deseos concretos, porque son los que suelen ocupar nuestros pensamientos durante el día a día, y para los que es más fácil establecer objetivos y acciones específicas y tener una predisposición mental adecuada. Además, conseguir los segundos es la mejor forma de asegurarse de que acabaremos consiguiendo los primeros.

Así que… ¿qué es lo que usted quiere?, ¿qué es lo que le hace sentir bien cuando se imagina consiguiéndolo?, ¿quién le gustaría ser y cómo le gustaría vivir?... ¿qué es lo que en realidad desea?

La tabla de deseos

A menudo no hay nada mejor que obligarnos a escribir los pensamientos e ideas que tenemos en nuestra mente para concretarlos y verlos desde una nueva perspectiva. Los pensamientos son abstractos, y eso hace que muchas veces no los juzguemos desde una perspectiva práctica que nos posibilitaría verlos con menos subjetividad y menor carga emocional.

Por eso, para conseguir una visión distinta de lo que pensamos, es muy útil, de vez en cuando, pasar a papel nuestros pensamientos. Esto posibilita que los veamos con otra mirada, liberándolos de los filtros sentimentales y mentales con los que pensamos sobre ellos cuando se encuentran en nuestra mente.

A continuación le propongo un pequeño ejercicio. Como hemos dicho, si queremos aprender a motivarnos es muy importante saber para qué queremos motivarnos. Por eso le propongo que escriba cuáles son sus deseos, y así verá con más claridad para qué quiere realmente estar motivado. Para hacerlo, utilice una tabla similar a la que viene a continuación.

Consejos a la hora de cumplimentar la tabla

— Sea todo lo concreto que pueda. Hemos hablado de dos tipos de deseos, los generales y los concretos. Nos vamos a centrar en los segundos. Trate de ser todo lo explícito que sea capaz. Cuanto más detallados y concretos sean sus deseos, con más claridad los verá y será más consciente de ellos.

— Valore cada deseo del 1 al 10. Junto a cada uno, en la columna *Intensidad*, ponga el grado en que lo quiere, es decir, con qué intensidad lo desea. Valórelo del 1 al 10 (siendo uno la intensidad más baja y 10 la máxima intensidad). De esta forma sabrá para qué deseos (los de mayor puntuación) le será más fácil motivarse.

— Céntrese en cada deseo y en el grado en que lo desea. Para averiguarlo, pregúntese hasta qué punto estaría dispuesto a hacer sacrificios y encarar dificultades. Y piense también en qué medida conseguirlo le ayudaría a tener la vida que imagina para usted. Estos criterios le servirán para obtener una buena medida de la intensidad de cada uno de sus deseos.

— En la columna *Acciones*, escriba alguna de las cosas que cree que debería hacer para conseguir su deseo. Por ejemplo, si su deseo es ser músico, una de las acciones que deberá hacer es componer una o varias canciones. Pero hay otras acciones también necesarias, como crear un estilo propio, conocer las discográficas, conocer a otros músicos, conseguir un instrumento musical, perfeccionar la técnica…

La planificación, como veremos, es una de las claves de la automotivación, pero el objetivo de esta tabla no es enseñarle a planificar. El objetivo es que sepa qué es lo que desea. Pretende ayudarle a clarificar qué es lo que desea y en qué grado, por eso no es necesario que indique todas las acciones que cree necesarias para conseguir sus deseos. Se trata de que anote solo algunas para que sea consciente de lo que tendrá que hacer y si está dispuesto a hacerlo.

— Por último, en la columna *Prioridad*, ordene sus deseos asignándoles una prioridad (1º, 2º, 3º…), en función de la mayor intensidad que haya puesto para cada uno.

Tabla de deseos.

DESEO	INTENSIDAD (del 1 al 10)	ACCIONES	PRIORIDAD

Una vez que haya escrito sus deseos en la tabla, verá con más claridad la intensidad de cada uno de ellos, se podrá plantear hasta dónde está dispuesto a llegar para conseguirlos, sabrá algunos de los pasos que tiene que dar para conseguirlos y si está dispuesto a hacerlo. Todo esto le dará una idea exacta de qué es lo que quiere realmente, y por lo tanto también de cuánto es necesario que exija de su capacidad de automotivación.

LA CAPACIDAD DE MOTIVARSE: LA AUTOMOTIVACIÓN

> «El valor y la perseverancia tienen un talismán mágico, ante el que las dificultades desaparecen y los obstáculos se desvanecen en el aire».
> John Quincy Adams
> Político

Llegados a esta parte del libro, sabemos que si basamos nuestra motivación en elementos externos esta se debilitará una vez que se empiecen a diluir los efectos emocionales que causaron en nosotros esos elementos, y que solo recurriendo repetidamente a ellos podremos volver a generarnos de nuevo motivación.

Pero el uso continuado de los mismos elementos externos para motivarnos provoca que nos acabemos acostumbrando a ellos, por lo que su impacto emocional es cada vez menor, y por lo tanto su capacidad para generarnos motivación es también cada vez menor. De ahí la importancia de saber automotivarse.

La motivación personal o automotivación es una capacidad que todos los seres humanos tenemos. Y como cualquier capacidad, se puede analizar, se puede aprender a desarrollar y se puede enseñar.

Hemos dicho en los primero capítulos que la motivación no es un estado de ánimo ni un sentimiento, sino que se trata de una disposición mental. Una disposición mental está formada por pensamientos preconcebidos, es decir, pensamientos que tenemos antes de que percibamos la realidad y por medio de los cuales la filtramos. Estos pensamientos forman lo que se llama *esquemas mentales*, que son las distintas maneras que cada uno de nosotros tiene a la hora de pensar sobre sí mismo, sus posibilidades, sus recursos y sobre las diferentes situaciones y circunstancias a las que tiene que enfrentarse. Los esquemas mentales nos predisponen a percibir e interpretar las circunstancias de una manera predeterminada.

Para conseguir desarrollar nuestra capacidad de automotivación deberemos cambiar parte de nuestros esquemas mentales, para lograr así una disposición mental distinta a la que tenemos y que no es generadora de automotivación. Debemos aprender a utilizar adecuadamente nuestros pensamientos, de manera que nos permitan percibir que nuestros deseos, y lo que tenemos que hacer para conseguirlos, pueden hacerse realidad y que podemos alcanzarlos. Modificar nuestros pensamientos, nuestros esquemas mentales, es lo que nos permitirá ser los generadores de nuestra propia motivación.

Pero nuestros esquemas mentales no se modificarán solo porque queramos. No podemos decirnos *«a partir de hoy voy a percibir la realidad de otra forma»*. Llevamos mucho tiempo utilizándolos, por lo que no se cambiarán fácilmente de un día para otro, y mucho menos no se cambiarán pensando sobre ellos. No sirve de mucho que nos digamos cosas como *«tienes que pensar con positividad»*, *«puedes conseguirlo»*, *«tienes que superar tus límites»* o *«tienes que intentarlo»*. La realidad puede tumbar esos pensamientos con un solo movimiento.

Precisamente los elementos motivadores externos generan una motivación que resulta momentánea porque nos transmiten ese tipo de mensajes. Mensajes que van a nuestra línea de flotación y que nos es imposible esquivar (¿quién no va a estar de acuerdo con que hay que ser positivo o con que hay que intentar conseguir lo que se quiere?), pero que no provocan un verdadero cambio en nuestros esquemas mentales, y por lo tanto no modifican nuestra disposición mental. Los cambios que esos mensajes provocan son solo emocionales, y por lo tanto poco duraderos.

Para lograr cambiar nuestros esquemas mentales, y como consecuencia nuestra disposición mental, deberemos cambiar los pensamientos que los forman. Y la mejor forma de cambiar nuestros pensamientos es mediante la *experiencia*.

La experiencia se consigue mediante la acción. Actuar, hacer cosas, tomar decisiones y llevarlas a la práctica, experimentar, probar, explorar… es lo que cambiará efectivamente nuestra forma de pensar. Contrariamente a lo que una amplia mayoría de personas cree, los pensamientos no se combaten con pensamientos. Se combaten con acciones. Nos define lo que hacemos, no lo que pensamos. La experiencia conseguida por medio de acciones es lo que nos permitirá incorporar a nuestra forma de pensar las claves para la motivación personal.

Es de todo esto de lo que vamos a tratar en la siguiente parte del libro.

IV. CLAVES PARA LA MOTIVACIÓN PERSONAL

«La fe es un estado mental que puede ser condicionado a través de la autodisciplina. La fe se puede conseguir».
Bruce Lee
Actor y maestro de artes marciales

CLAVES PARA LA MOTIVACIÓN PERSONAL

> «Los que aseguran que es imposible no deberían
> interrumpir a los que estamos intentándolo».
> Thomas Alva Edison
> Inventor

Pasamos ahora a explicar las claves para generar la motivación personal y que correctamente aplicadas le permitirán controlar su capacidad de automotivarse.

Dividiremos las claves en dos grupos. En primer lugar, veremos las que llamaremos *claves básicas*. Estas son, a mi juicio, las reglas imprescindibles que cualquier persona debe aplicar y poner en práctica para ser capaz de automotivarse y de mantener en el tiempo su motivación.

En segundo lugar veremos otro tipo de claves, a las que llamaremos *claves complementarias*. Si bien son importantes también, he preferido agruparlas en un segundo tipo debido a que son más numerosas y no las considero fundamentales para controlar la automotivación. Desde luego son útiles también, pero no son necesariamente imprescindibles. Son muy adecuadas para mejorar la capacidad de automotivación, por lo que se pueden utilizar como apoyo de las claves básicas o para mejorar el uso de la capacidad de automotivación una vez que ya se ha ganado cierto grado de control sobre ella con las claves básicas.

Además, darle treinta o más claves como imprescindibles para controlar la motivación sería abrumarle. Creo mejor dar un número limitado de claves básicas, para que se tengan claras y se pongan en práctica, para después mejorar la capacidad de automotivación usando las claves secundarias.

Lo importante será entonces recordar y aplicar las claves básicas, y de entre las complementarias, tantas como se pueda, se quiera o se necesite.

Una vez explicadas, al final del libro, las encontrará resumidas en el apartado *Resumen de las claves para la motivación personal*, para que pueda localizarlas y recurrir a ellas con mayor facilidad.

Sin duda, ponerlas en práctica cambiará la forma en que percibe su esfuerzo y las consecuencias de sus intentos por conseguir lo que desea. Aprenderá a focalizar sus pensamientos, su energía y sus acciones, de forma que la motivación se generará en usted con facilidad y será de gran solidez, lo que le permitirá mantenerla estable en el tiempo.

Las claves le harán ver cuáles son sus verdaderos recursos a la hora de intentar conseguir lo que desea, dándose así cuenta de que tiene mayor control sobre la realización de sus deseos de lo que pensaba. Esta toma de conciencia hará que cambie su disposición mental, y ese cambio, como hemos dicho ya, es el más potente generador de motivación que nunca podrá encontrar.

La automotivación: pasar a la acción

La premisa en la que se basan estas claves es la siguiente: la motivación es un estado mental, una forma de pensar. Los cambios en nuestra forma de pensar no se producen por inspiraciones momentáneas o por estados anímicos transitorios. Cualquier cambio en nuestra forma de pensar que se base en la inspiración o en las emociones será pasajero y de duración muy breve. Inevitablemente, en cuanto pase la inspiración o nuestro ánimo cambie, volveremos a nuestra forma de pensar anterior.

Para que se produzca un cambio duradero en nuestra forma de pensar, este se debe producir en base a la experiencia. La experiencia, interactuar con la realidad, hacer cosas y emprender acciones, es lo que cambia efectivamente nuestra manera de pensar y de interpretar el mundo. Actuar cambia nuestros esquemas mentales.

Las claves para la motivación personal son reglas que le dicen cómo actuar para conseguir lo que quiere. Están basadas en una forma de pensar constructiva y creativa, distinta a la forma de pensar lineal que mucha gente utiliza. Por eso, aunque es muy probable que muchas personas las compartan en cuanto las lean o las conozcan, porque son reglas sencillas, es también muy probable que ya no sean tantas las que realmente las han llevado a la práctica, y por lo tanto no han producido en ellas un cambio real en sus esquemas mentales.

Es precisamente pasar a la acción y ponerlas en práctica el mecanismo que hará que, mediante su propia experiencia al utilizarlas, se produzcan en usted cambios en sus esquemas mentales y en su forma de percibir el mundo. Con esos cambios, una forma de pensar constructiva habrá pasado a ser parte de usted, y empezará a interpretar la realidad con una disposición mental automotivadora, por lo que será capaz de automotivarse con naturalidad y sin esfuerzos innecesarios.

Una vez asimiladas e incorporadas estas claves a su forma de pensar, habrá conseguido desarrollar y controlar su capacidad de automotivación, y podrá utilizarla tanto para lograr sus objetivos personales como para enseñarla a otras personas que estén dispuestas a aprenderlas.

¿Qué es lo que quiere?

Antes de ir con las claves para la motivación personal, debe tener claro qué es lo que quiere conseguir. Para eso ya le habrá ayudado la tabla de deseos que vimos en el capítulo *¿Qué es lo que deseo?* Sabiendo qué es lo que quiere, tiene ya el primer impulso de motivación necesario para empezar a actuar. Esa es la chispa inicial para empezar a trabajar en la automotivación.

Una vez que empiece a emprender acciones para conseguir lo que desea, hágalo siguiendo estas claves. Cada acción que ponga en marcha le ayudará a desarrollar y ganar control sobre su capacidad de automotivación, y cada reacción o situación con la que se encuentre podrá encajarla en su planificación para lograr lo que quiere, en lugar de percibirla como un elemento suelto, sin sitio en el plan que ha trazado en su mente, que le aleja de su objetivo y debilita la chispa inicial que le inspiró.

Acciones

Seguir y aplicar las claves para la motivación personal provocará que se vaya formando en usted una nueva forma de pensar, de percibir la realidad y de interpretar sus intentos por conseguir lo que quiere, de manera que esa nueva forma de pensar sea duradera y le sirva como soporte para generar un estado de motivación estable.

Utilizar estas claves, unido a los conocimientos que ya tiene sobre la motivación humana, le dará mayor control sobre su capacidad de motivarse y de mantener en el tiempo el estado de motivación adecuado que le permita continuar intentando conseguir lo que desea.

Como solamente las acciones producirán cambios efectivos en sus esquemas mentales, **debe traducir cada clave en una acción**. No tiene por qué ser una acción decisiva ni definitoria para alcanzar lo que desea, pero debe ser una acción. Trate siempre de buscar una acción, por pequeña que sea, que le sirva para traducir cada clave en una conducta o comportamiento. Por ejemplo, ante la primera clave, *tómese en serio lo que desea*, una posible acción, y que no tiene por qué suponerle un esfuerzo imposible, podría ser decirle a otra persona cuál es su deseo. De esa manera, usted tomaría más conciencia de su deseo, lo habría sacado de su mente y habría empezado a trasladarlo a la realidad, lo que haría que lo viera como una posibilidad real y no como una ilusión o una intención.

Lo mismo debe hacer con cada una de las claves. Transformarlas en acciones es tan importante que por sí misma constituye ya una clave básica, como comprobará a continuación.

CLAVES BÁSICAS PARA LA MOTIVACIÓN PERSONAL

1. Tómese en serio lo que desea

«Mucha gente tiene sueños, pero no hace nada al respecto».
David Copperfield
Mago e ilusionista

Esta es la primera regla para ganar control sobre la capacidad de automotivación. Es fácil tomarse en serio algunos deseos, porque es muy fácil encontrar en los demás y en la realidad apoyo para ellos: superar una situación personal difícil, conseguir trabajar de algo que socialmente está bien visto o conseguir cierta imagen personal, son ejemplos de deseos que es fácil tomarse en serio porque los demás también los toman en serio.

Sin embargo, muchas personas tienen otro tipo de deseos. Deseos que sienten con gran intensidad, que realmente son lo que quieren, pero en los que les resulta muy difícil creer porque el ambiente en el que se mueven no los acepta. Al no encontrar apoyo, o incluso topar con rechazo cuando los dejan entrever a otros, algunas personas terminan por convencerse de que lo que desean es solo una ilusión, algo que no es realista.

¿Se imaginan, haciendo referencia al autor de la frase que encabeza esta primera regla, las actitudes que debió encontrarse el mago David Copperfield cuando empezó a decir, siendo solo un niño, que quería ganarse la vida haciendo magia? Puede que más que rechazo encontrara sonrisas, condescendencia, personas que pensaban que era solo el sueño de un niño y que cuando se hiciera adulto lo abandonaría… Sin embargo, él se tomó en serio lo que deseaba y con el paso del tiempo llegó a ser considerado como el mago con más éxito de la historia, ganando reconocimiento a nivel mundial.

Una vez realizado el deseo de una persona, para ella misma y para los demás ese deseo es ya una realidad y no suelen cuestionarlo. Pero durante mucho tiempo un deseo es solo un pensamiento, un impulso en el interior de alguien. Por eso es normal que al expresarlo, en las primeras ocasiones, o en los primeros intentos de hacerlo real, los demás, e incluso usted mismo, lo vean como algo irreal, porque efectivamente lo es.

Pero si se toma en serio su deseo logrará que el impulso que genera en usted se mantenga en su interior, obligándole a actuar. Si deseamos algo, nosotros somos los primeros que debemos creer en ese deseo. Nadie más lo hará por nosotros, por la sencilla razón de que ese deseo es nuestro, y no de otros. Tomándonos en serio nuestro deseo, seremos capaces de mantener nuestra propia motivación frente a las circunstancias externas, conservarlo intacto, desarrollarlo y esforzarnos por trasladarlo a la realidad.

Debe tomarse en serio a usted y a lo que desea. Debe ser capaz de reconocerse ante sí mismo, con honestidad, qué es lo que quiere, y qué es por lo que va a esforzarse. Y debe ser capaz de reconocerlo ante los demás. Debe ser capaz de decirles a los demás qué es lo que quiere, y no avergonzarse, sentirse ridículo o bajar su tono de voz. Una persona motivada debe ser capaz de reconocer ante los demás lo que quiere, sin que eso afecte a la intensidad de su deseo.

Si no es capaz de reconocerse ante sí mismo y ante los demás lo que quiere, será como si no lo quisiera. Reconociéndolo logrará autoafirmarse en su deseo, y verá reflejada en él a la persona que quiere ser, contribuyendo así a mantener y aumentar su motivación, haciendo que el deseo salga de sus pensamientos y empezando a trasladarlo a la realidad, aunque solo sea con palabras. Al fin y al cabo ese es el primer paso para conseguir transformarlo completamente en algo real. En la medida en que lo vea como una posibilidad real, lo verá alcanzable. Y en la medida en que lo vea alcanzable, más se motivará.

2. Planifique

«No hay ningún viento favorable para el que no sabe a qué puerto se dirige».
Arthur Schopenhauer
Filósofo

La mayoría de las personas que consiguen lo que realmente desean no lo consiguen por casualidad.

Es cierto que hay personas que consiguen cosas por suerte o porque le son dadas. Pero está por ver si esas cosas son las que realmente quieren. Tal vez alguien consiga hacer mucho dinero porque ha heredado una empresa familiar, y gracias a ello tenga un muy buen nivel de vida, pero habría que preguntarle a esa persona si ese era su deseo, si esa es la manera en la que quería ganarse la vida o si no le hubiera gustado haber probado cuáles eran sus opciones en otro terreno.

Si usted quiere algo, no es buena política esperar a que el azar se lo traiga o a que alguien se lo facilite. No importa qué sea lo que quiere conseguir, si realmente quiere conseguirlo, debe planificar.

Es necesario marcarse un rumbo, unas etapas, que nos permitan seguir una línea que nos acerque progresivamente al objetivo que nos hemos marcado.

Dedique tiempo a pensar qué es lo que tiene que hacer para conseguir lo que desea. Una vez que lo sepa, divida las acciones en tantos pasos o etapas como pueda y encájelas en el plazo de tiempo que cree necesario para lograr su objetivo. Trate de prever también las dificultades y cómo las afrontará. De esta forma, sabrá en cada momento qué es lo que tiene que hacer, y eso le ayudará a no depender de sus estados de ánimo a la hora de tomar decisiones y solucionar problemas.

Puede planificar mentalmente o ser más detallista y hacerlo por escrito. Una planificación será siempre más efectiva cuanto más concreta y detallada sea. En la medida en que sea menos abstracta, y en lugar de objetivos generales a largo plazo marque objetivos concretos y a corto plazo, más útil le resultará.

Por ejemplo, en el caso de una persona que quiere ponerse en forma, una planificación que en lugar de tener como objetivos *«ponerme en forma»*, *«poder hacer deporte sin cansarme»* o *«sentirme mejor»* tenga como objetivos *«salir a correr sábado y domingo»*, *«nadar los martes y los miércoles»* o *«andar tres días a la semana»* será mucho más eficaz. En el caso de una persona que quiera superar una situación personal difícil como una ruptura sentimental o un problema de salud, serían objetivos concretos *«salir el sábado con unos amigos»*, o *«dar un paseo por un sitio agradable tres veces por semana»*. Por poner un último ejemplo, en el caso de alguien que quiera ser cantante, un objetivo concreto sería *«grabar una canción y enviarla a productoras musicales»*.

En resumen, una buena planificación debe reflejar qué es lo que hay que hacer para conseguir algo, cuándo hay que hacerlo y durante cuánto tiempo.

Planificando sabremos lo que tendremos que hacer para acercarnos a nuestro objetivo. Poder valorar cada paso que demos nos dará control sobre nuestra motivación, porque sabremos si ese paso nos ha acercado a lo que queremos. Además, planificar nos alejará de la desmotivación, porque en todo momento, independientemente de nuestro estado de ánimo, sabremos qué es lo que tenemos que hacer. Bastará entonces con que nos obliguemos a hacerlo. Y por poco que sea lo que hagamos, una acción en la dirección correcta siempre servirá para que la desmotivación sea sustituida por un sentimiento de realización personal, y con él, por la motivación.

3. Transforme las ideas y pensamientos en acciones

«El verdadero heroísmo está en transformar los deseos en realidades y las ideas en hechos».
Daniel Rodríguez Castelao
Escritor

Debemos siempre transformar nuestros deseos en acciones que nos lleven hacia ellos. No todas las acciones harán que los consigamos automáticamente, pero nos acercarán a lo que queremos o, en el peor de los casos, al menos nos harán ver que teníamos en mente un camino equivocado y que debemos corregir el rumbo.

Cada paso, acertado o equivocado, que dé hacia lo que quiere le motivará, y cada paso que dé en una dirección distinta a la que lleva hacia lo que realmente quiere le aportará negatividad, vacío y falta de autorrealización. Tenga el valor de hacer cosas. Tenga iniciativa. La motivación aparece con el movimiento, no con el pensamiento. No deje las ideas en su cabeza, sáquelas afuera y póngalas a prueba en la realidad. Si no salen como tenía pensado, al menos sabrá cuál es su verdadero grado de motivación para conseguirlas, porque afrontará las derrotas y podrá decidir si realmente sigue queriendo lograr algo o no. Y si le salen como pensaba, le motivarán para seguir en esa dirección.

Los pensamientos que se quedan en nuestra mente solo sirven para ir creando en nosotros una ilusión que no se ha puesto a prueba contrastándola con la realidad. Mantener esa ilusión sin darle opciones de convertirse en realidad generará en nosotros ansiedad, porque a medida que sigamos teniéndola, nuestro deseo aumentará, pero no sabremos cuáles son nuestras verdaderas posibilidades de conseguirlo. Si no probamos si podemos conseguirlo, siempre sentiremos dentro de nosotros ese impulso. Y si es lo que realmente deseamos, nos acompañará mucho tiempo, haciéndonos sentir ansiedad y frustración por no haber intentado lograrlo.

Por eso siempre:

— Elija la acción antes que el pensamiento que no le ayuda a sacar conclusiones. SÍ al pensamiento que termina en decisiones, NO al pensamiento que no nos ayuda a decidir o a actuar.

— Sencillamente haga las cosas. No busque hacerlas perfectas. Hágalas, y corrija los errores en base a las conclusiones que saca al actuar.

— Tome decisiones. No demore las acciones porque esté navegando en un mar de dudas, tratando de escoger la mejor opción posible para que las cosas salgan como quiere. Tómese un tiempo para decidir, pero pasado un tiempo razonable, decida, actúe y afronte y encaje en su planificación las consecuencias, positivas o negativas, de haber actuado.

4. No permita que el miedo le impida actuar

«Hay muy pocos monstruos que garanticen los miedos que les tenemos».
André Gide
Escritor

Son varios los tipos de miedo que debemos superar cuanto intentamos conseguir lo que deseamos. Aprender a reconocer el miedo, y más en concreto los diferentes tipos de miedo, le ayudará a darle la dimensión adecuada a esa emoción y a no permitir que socave su motivación.

A menudo el miedo se manifiesta en forma de dudas e inseguridades, y en ocasiones incluso como pánico. Aprenda a reconocerlo en sus diferentes formas. Una vez reconocido, ya habrá ganado control sobre él y tendrá mayor capacidad para poner en marcha acciones, aunque sean mínimas, que sirvan para ganarle terreno.

Cada acción que hagamos para vencer al miedo nos demostrará, invariablemente, que las consecuencias negativas de una situación eran mucho menos probables, más pequeñas y más soportables de lo que pensábamos.

Superar nuestros miedos nos aportará mayor capacidad de automotivación porque el miedo nos paraliza, lo que nos impide actuar, y la automotivación solo se mantiene actuando.

Entre los miedos más frecuentes que afectan a la motivación están:

— Miedo a fracasar.
— Miedo a cometer errores.
— Miedo a tomar decisiones.
— Miedo a los demás.

Analicemos, brevemente, cada uno de estos miedos antes de pasar a la quinta clave.

Miedo a fracasar

Este es el miedo a no conseguir lo que queremos, a las pequeñas derrotas y desilusiones que nos encontremos en nuestro camino.

Curiosamente las personas no solemos dar el éxito como definitivo, pero sí le concedemos esa irreversibilidad al fracaso: si conseguimos algo, la mayor parte de nosotros asumimos que podemos perderlo, y además con facilidad, pero si no conseguimos algo, no asumimos que podemos conseguirlo otro día, y además con facilidad.

Así que, si el éxito no es definitivo, tampoco lo es el fracaso. Solo usted es quien debe valorar qué constituye para usted un fracaso y qué es una dificultad que puede superar si pone en juego sus recursos personales.

Miedo a cometer errores

Este tipo de miedo es el que en la mayoría de las ocasiones nos lleva a no actuar. Sin embargo, lo cierto es que es inevitable cometer errores. Nadie hace las cosas perfectas. Además, calificamos algo como error en una valoración que hacemos a posteriori si las cosas no han salido como queríamos, pero no podemos saber cómo saldrán si no las intentamos primero.

Vivimos en un mundo en el que cada vez más todos dependemos de todos, por lo que una vez que intentamos algo, es normal que aparezcan factores que no preveíamos y que pueden ocasionar que algo no salga como habíamos planificado, pero no por eso habremos cometido un error. Un error no es intentar algo y fallar, un error es intentar algo, fallar y no tratar de corregir la forma en que lo hemos intentado.

Saber asumir nuestros errores y aceptar que no haremos las cosas perfectas hará que no nos desmotivemos cuando los cometemos. De esta manera conseguiremos que no se debilite nuestra motivación.

Aprender a corregir los errores reforzará nuestra motivación, porque nos daremos cuenta de que, para conseguir lo que queremos, disponemos de tantas oportunidades como nosotros mismos nos queramos dar.

Miedo a tomar decisiones

No se torture después de haber hecho algo pensando que si hubiera hecho o dicho otra cosa los resultados podrían haber sido diferentes. Vivir es decidir, y hay que tomar decisiones casi diariamente.

Es obligado tomar decisiones si queremos crear, cambiar o conseguir algo. Como en el caso de los errores, suelen ser las circunstancias y otras personas, todas ellas fuera de nuestro control, quienes hacen que una decisión que hemos tomado tenga unas consecuencias u otras. Con diferentes circunstancias, la misma decisión podría haber tenido resultados diferentes.

Tenga en cuenta que cada decisión que toma, incluso las que después no salen como quería, la toma siempre basándose en el criterio de que sea beneficiosa para usted. Normalmente las personas no tomamos decisiones para perjudicarnos. Lo que ocurre es que a la hora de ponerla en práctica entran en juego otros factores. Pero solo se puede juzgar el resultado de una decisión una vez transformada en acción, antes es imposible. Lo que ocurre es que las personas solemos jugar a adivinos y creemos que vemos muy bien la realidad y que sabemos anticipar las consecuencias de todo (y más a medida que nos hacemos mayores) pero la realidad, la verdadera realidad, es inabarcable para nosotros, porque hay demasiadas variables que influyen en el resultado de nuestras acciones.

Si cree que hacer algo es lo correcto para usted, hágalo. No busque ni se esfuerce en encontrar una seguridad al cien por cien antes de tomar una decisión. Normalmente no se tiene esa seguridad en ningún aspecto de la vida. Y aunque se tuviera, eso no significa saber qué consecuencias tendrá en la realidad una acción nuestra. Solo significa que estamos seguros, pero eso no quiere decir que no podamos estar equivocados. Si esas seguridades fueran reales, nadie se equivocaría nunca.

Miedo a los demás

Este miedo implica la aceptación del juicio de los demás antes que el nuestro. Es el miedo al qué dirán, a hacer el ridículo, a las actitudes negativas hacia nosotros, a mostrarnos como somos delante de otras personas… Debemos superar ese miedo si queremos controlar nuestra motivación. Si no lo hacemos será, no ya los demás, sino lo que nosotros creemos que piensan los demás, lo que nos desmotive y nos impida hacer lo que queremos. En un caso así, paradójicamente será un juicio nuestro, y no el de otros, el que nos predisponga mentalmente a no motivarnos.

Las personas no siempre dicen lo que piensan. Así que si alguien nos dice algo negativo cuando intentamos algo, o nos muestra su rechazo o su extrañeza ante lo que queremos conseguir, no significa necesariamente que no esté de acuerdo con nosotros. Aun en el caso de que diga la verdad y no comparta nuestro objetivo, poca gente, por no decir nadie, no estará de acuerdo en que hay que intentar conseguir lo que se quiere.

Incluso puede que tal vez alguna persona muestre su rechazo porque vea reflejada en nuestra conducta la motivación que ella misma no fue capaz de mantener. E incluso aunque el rechazo o las críticas de los demás sean verdaderas, hacerles caso solo hará que nos desmotivemos y no luchemos por lo que sabemos que queremos.

Al final del día, solo respondemos ante nosotros mismos. Es muy posible que los demás hayan olvidado el juicio que han hecho de nosotros, fuera cual fuera, hace más tiempo del que creemos, porque tienen que atender a sus vidas. No somos tan importantes para los demás como para que nos dediquen gran parte de su tiempo mental. Es por eso que no debemos tener miedo a los juicios y las valoraciones de los demás, porque es probable que duren mucho menos tiempo del que durará nuestra desmotivación si les hacemos un caso excesivo.

Además, si es cierto que nos encontraremos con personas que no comparten nuestros deseos, no es menos cierto que nos encontraremos también con personas que sí los comparten. Es verdad eso que se dice de que *«no se puede caer bien a todo el mundo»*, pero siempre hay alguien a quien le caeremos bien, y por esa misma regla, siempre, sin excepción, encontraremos a personas que compartirán nuestro deseo o que nos facilitarán conseguirlo.

5. Comprométase con lo que desea

> «Solo hay felicidad donde hay virtud y esfuerzo serio,
> pues la vida no es un juego».
> Aristóteles
> Filósofo

Cuando cualquier persona quiere conseguir algo, debe ir en serio, porque está buscando su felicidad, y eso, a pesar de que nos puede parecer algo abstracto e idealista, es algo muy serio por el gran valor que tiene.

Si usted desea algo, y realmente quiere conseguirlo, tiene que comprometerse con su deseo. Realizar un deseo supone, en muchos casos, convencer, influir, tratar y lidiar con las personas y el mundo. Y ambos, personas y mundo, son algo que debemos tomarnos muy en serio. Aunque en ocasiones personas y realidad puedan tener una apariencia amable, lo cierto es que nadie está jugando y nada, absolutamente nada, es un juego. Incluso si realizar nuestro deseo solo supone influir sobre nosotros mismos, debemos tomarnos también en serio, ya que constantemente nuestras emociones, estados de ánimo y pensamientos, todos ellos cuando son negativos, tratarán de apartarnos del camino que lleva a conseguir lo que queremos. Así que si de verdad quiere conseguir algo, tiene que ir en serio, e ir en serio significa una cosa: comprometerse.

Comprometerse implica, entre otras cosas, estar dispuesto a sacrificios, a renuncias personales, a esfuerzos, a correr riesgos, a cometer errores, a fracasar y a tomar decisiones. Cuanto más se comprometa con su deseo, más dispuesto estará a llegar más lejos en su intento. Cuanto mayor sea su compromiso, más tardará en tomar la decisión de abandonar, por lo que su motivación será más duradera. Por lo tanto, estando comprometido con lo que desea ganará capacidad para percibir cualquier obstáculo o dificultad como una barrera a superar, no como una señal de que es el momento de abandonar.

El compromiso solo puede ser verdadero si nos esforzamos por conseguir algo que realmente deseamos, de ahí la importancia de saber qué es lo que se quiere y en qué grado. Cuanto más comprometidos estemos con nuestros deseos, mayor y más fuerte será la motivación que nos empuje a conseguirlos, y más fácilmente surgirá la motivación en nosotros.

Si nuestro compromiso es verdadero, casi no tendremos que esforzarnos para estar motivados. No importa que a veces nuestra motivación pueda flaquear por culpa de estados de ánimo o circunstancias adversas: si nos hemos comprometido de verdad, seguiremos intentándolo. Cuando nos comprometemos, casi todo lo demás, incluidos nosotros mismos, pasa a un segundo plano.

Si de verdad quiere conseguir algo, llegue a un compromiso consigo mismo. Debe ser un compromiso basado en el análisis y que parta de la reflexión, no debe basarse en inspiraciones momentáneas. De nada sirve un compromiso débil, basado en emociones pasajeras o una admiración momentánea. Debemos tener claro qué queremos, y una vez que lo sepamos, comprometernos. Solo así estaremos dispuestos a llegar hasta el final, y solo así sabremos cuánto le podemos pedir a nuestra capacidad de motivación.

Demasiadas veces, cuando intentamos algo, lo hacemos con reservas. Nos guardamos parte de nuestro esfuerzo, de nuestros recursos, para nosotros, normalmente para protegernos del fracaso. Pongamos un ejemplo: imagínese que quiere llegar, mediante una larga caminata, a un lugar que está lejos pero del que no sabe exactamente a qué distancia se encuentra. Cuando haya recorrido un buen trecho, empezará a notar cansancio y comenzará a tener dudas de si será capaz de llegar a su destino. Esas dudas se manifestarán en pensamientos sobre si aguantará el esfuerzo, qué distancia le queda todavía, si se habrá perdido, si vale la pena de verdad ir hasta ese lugar…. A partir del momento en que aparezcan las dudas, su disposición mental cambiará, su compromiso con lo que quiere se debilitará y se desmotivará. Cada paso que dé lo hará pensando no solo en llegar, sino también en volver por si no encuentra el lugar al que quiere ir. Reservará fuerzas para el regreso y, como consecuencia, no se comprometerá a fondo con su intento. El resultado de esta actitud sobre cualquiera de nosotros es que, al intentar conseguir algo, daremos menos de nosotros de lo que verdaderamente seríamos capaces si nos centráramos y nos comprometiéramos con lo que queremos, sin permitir que las dudas, los miedos y los pensamientos negativos interfieran en nuestra motivación.

Cuanto más se comprometa con lo que quiere, más lejos será capaz de llegar en sus intentos, porque su motivación será mayor. Si se compromete a medias, lo normal es que llegue solo hasta la mitad del camino. Si se compromete hasta el final, llegará hasta el final, sea este cual sea, y verá cuáles eran sus posibilidades reales de conseguir su deseo.

Avanzar, comprometidos hacia lo que queremos, poniendo todos nuestros recursos en juego, nos hace conscientes de nuestra capacidad de control e influencia sobre las situaciones, lo que genera motivación. Por eso, comprometerse con lo que se quiere conseguir aumenta la capacidad de automotivación.

6. Céntrese en usted

«¿Qué es lo que más quiero hacer? Esto es lo que no debo dejar de preguntarme ante las dificultades».
Katherine Mansfield
Escritora

En el camino por conseguir lo que desea, es probable que se encuentre con personas y circunstancias que, con mayor o menor intención, podrán desanimarle; en otras ocasiones, será usted mismo quien se desanime, ante el implacable peso de la realidad con la que se tiene que enfrentar.

A menudo es difícil encontrar apoyo en el mundo que nos rodea. Demasiadas veces la crudeza de la vida parece en posición de ventaja para derrotar casi sin esfuerzo cualquier deseo personal que tengamos, provocando que nos desmotivemos con facilidad.

Pero el mundo y los demás, por cómo se manifiesten, no le están quitando el derecho a conseguir lo que quiere, solo se están mostrando como son. Es usted quien se lo quita cuando se deja influir en exceso por las circunstancias externas. Es su disposición mental, su forma de percibir todo, y no la realidad o las opiniones o acciones de otros, lo que le impide motivarse o lo que le acaba desmotivando.

Para mantener su motivación debe centrarse en usted mismo. Lo que digan o hagan otras personas, o lo que vea a su alrededor, es parte de la vida y del mundo, pero también usted es parte de todo, y tiene su oportunidad para hacer su aportación en lo que crea conveniente y de la forma en que considere. Tiene usted el derecho de vivir y pensar de la forma en que quiera. Y como consecuencia tiene derecho a desear lo que quiera y a intentar conseguirlo.

Centrarse en uno mismo significa aceptar que la forma propia de pensar y de sentir es igual de válida que la de los demás, que no es inferior o menos útil. De esa manera, no renunciaremos a ella cuando las circunstancias exteriores no nos sean favorables, o incluso cuando sean adversas. Para conseguir lo que quiere, debe dejar que sean sus circunstancias interiores (sus pensamientos sobre lo que quiere y cómo le gustaría que fueran las cosas) quienes dicten su estado de ánimo, sus actitudes y sus acciones. Debe acostumbrarse a pensar, como decíamos al hablar de los estilos de afrontamiento, con un estilo propio del locus de control interno. Usted puede decidir hasta dónde se deja influir por el exterior, y usted puede decidir intentar influir en el exterior en la medida que quiera.

Céntrese en lo que quiere, en lo que cree, en cómo quiere pensar y vivir, y ponga unos límites a partir de los cuales no permitirá que la influencia exterior le arrebate la motivación de conseguir lo que desea. Para ello:

— No haga demasiado caso a los demás. Se encontrará con personas que le dirán cómo debe pensar y cómo debe vivir. Ellas no tienen las claves que le ayudarán a conseguir lo que quiere, solo le están hablando desde su experiencia. Puede extraer enseñanzas de esos consejos, y utilizarlos para aprender y tener en cuenta otros puntos de vista, pero nadie le garantiza que esos consejos sean válidos para sus circunstancias personales. No permita que las opiniones o críticas de los demás minen su motivación. Si lo permite, con el paso del tiempo se dará cuenta de que ha dejado de intentar conseguir lo que deseaba por hacer caso a los demás, pero que a cambio no le han dado ningún objetivo que usted realmente quisiera.

— Hágase responsable de usted. Si se centra en usted mismo, intentará conseguir lo que quiere y de la forma en que quiere. De esta manera, sus triunfos serán méritos suyos, y sus fracasos responsabilidad suya. Nada mejor para no sentir rencor hacia nadie por cómo nos va en la vida.

— No haga caso a distracciones. En su camino se encontrará con lo que podemos llamar «distracciones». Las distracciones son cosas, situaciones o personas que trae la vida, tanto en el sentido positivo como en el negativo. Está bien aprovechar las oportunidades para comprobar si esas nuevas circunstancias pueden pasar a formar parte de nuestra vida. Pero no puede perder más tiempo del necesario en una situación desde el momento en que sepa que no le va a ayudar a conseguir lo que quiere. Si se queda estancado en una distracción, perderá tiempo, y el paso del tiempo acabará por provocar que se debilite su motivación.

— No se avergüence de buscar lo que usted desea, ni de buscarlo de la forma en que lo haga. Al fin y al cabo, está haciendo lo que usted, y no otros, considera lo mejor.

Centrarse en uno mismo no siempre es fácil, pero mientras nos mantengamos centrados en nosotros mismos y en lo que deseamos, nuestra motivación estará bajo nuestro control.

Para ganar capacidad de automotivación, más que centrarse en originar pensamientos positivos que nos inspiren, basta con saber lo que se desea y levantar ciertas barreras psicológicas para evitar que las influencias externas negativas nos afecten. No debemos cerrarnos al exterior, pero sí debemos aprender a poner unos límites a partir de los cuales las influencias externas tengan más difícil abrirse camino.

Aprender a reconocer la realidad que nos rodea pero a la vez darse cuenta de que porque esté ahí no implica necesariamente que nos tenga que afectar, nos da control sobre nuestra capacidad de automotivación.

7. Haga las cosas a su manera

> «La manera de hacer es ser».
> Lao-tsé
> Filósofo

La única forma de mantener en el tiempo las conductas necesarias para conseguir lo que deseamos, enfrentando obstáculos, dificultades y fracasos, es que nuestra forma de hacer sea un reflejo de nuestra forma de ser. Es decir, que las cosas que hagamos sean una expresión de quiénes somos y cómo somos. Por esta razón, lo que hagamos para conseguir algo, lo debemos hacer a nuestra manera.

Actuando así no tendremos que esforzarnos por saber cómo se hace algo o por cómo debemos comportarnos. Nos ahorraremos dudas y preocupaciones si sencillamente hacemos las cosas tal y como creemos que deben hacerse. Siguiendo esta clave, podremos centrarnos en intentar algo y no desviar tanta atención hacia cómo intentarlo. Actuaremos antes que preocuparnos.

Hacer las cosas a nuestra manera no nos costará esfuerzo ni nos supondrá el desgaste que ocasiona hacer algo como no creemos que haya que hacerlo. Estaremos siendo nosotros mismos, expresando nuestra personalidad, y esto generará automáticamente motivación, porque cada cosa que hagamos será una expresión de nuestras tendencias naturales. Es por este motivo que las personas que tienen la suerte de trabajar en lo que les gusta suelen ser grandes trabajadores, que a menudo no distinguen el trabajo del ocio. Porque ganarse la vida haciendo lo que es un reflejo de quienes son les permite ser ellos mismos todas las horas del día, y eso es un gran generador de motivación personal.

Si hace las cosas a su manera, observará dos ventajas evidentes. Primero, que el esfuerzo será mucho menor que si tuviera que actuar de una forma contraria a como usted realmente es. Y segundo, que aunque finalmente no consiga lo que desea, todo el tiempo que estuvo intentándolo habrá vivido con calidad, porque habrá expresado su personalidad en todo lo que haya hecho, lo que le habrá aportado satisfacción y bienestar personal. Cada vez que haga algo a su manera, estará siendo quien en realidad es. Eso es algo que por sí mismo generará en usted motivación sin tener siquiera que proponérselo.

Sea cual sea el resultado de lo que intente conseguir, si lo desea realmente y hace las cosas a su manera, indefectiblemente cuando haya pasado el tiempo se dará cuenta que esa ha sido una de las épocas de su vida en que mejor ha empleado el tiempo.

Si nos damos la oportunidad de alinear lo que queremos con lo que hacemos, estaremos siendo quienes realmente somos, por lo que la sensación de equilibrio personal que surgirá en ese momento será un generador de automotivación insuperable por cualquier otro elemento motivador externo.

No se obsesione en intentar hacer las cosas como otros o mejor que otros. Intente hacerlas lo mejor que usted pueda y de la forma en que usted esté a gusto con lo que hace. Que lo que haga se sea una expresión de quién es usted. Esa es la mejor manera de que nos motive hacer las cosas, aun sin pensar en el objetivo que queremos conseguir. Y es también la mejor manera de ser diferente a los demás. Comportándonos de acuerdo a como somos disfrutaremos con lo que hacemos, y eso, sin duda, nos motivará a seguir haciéndolo.

Solo haciendo las cosas a nuestra manera podremos labrar nuestro propio camino para conseguir lo que deseamos. Porque nadie nos va a hacer el camino para un deseo que no conoce, no comparte o no le beneficia. Eso solo podemos hacerlo nosotros. Por eso, trate de expresarse en cada cosa que haga. Sea quien es en todo lo que haga o diga. Intente lo que intente, y haga lo que haga, hágalo como quiera o como considere mejor. Eso le motivará.

8. Confíe en sus posibilidades

> «Hay que perseverar y, sobre todo, tener confianza en uno mismo. Hay que sentirse dotado para realizar alguna cosa y esa cosa hay que alcanzarla, cueste lo que cueste».
> Marie Curie
> Física y científica

Las personas, a la hora de intentar conseguir lo que deseamos, solemos confundir la probabilidad con la posibilidad. Y esta confusión nos desmotiva.

Algo es *posible* si puede ocurrir, y es *probable* en la medida en que puede ocurrir. Dicho de forma clara: que vayamos andando por la calle y caiga un piano delante de nosotros es posible, pero lo normal es que no sea muy probable. Si bien es posible, la probabilidad de que ocurra es baja.

A menudo las personas solo intentamos algo si creemos que tenemos altas probabilidades de conseguirlo. Es normal, porque en principio parece poco razonable intentar algo si las probabilidades de conseguirlo son pocas.

Pero cuando hablamos de motivación esta lógica suele ser errónea: para conseguir lo que queremos debemos centrarnos en nuestras posibilidades y olvidarnos de las probabilidades, porque confiando en las primeras, actuaremos, lo que modificará las segundas.

Utilizando un ejemplo que hemos usado anteriormente, si alguien quiere ser cantante y no sabe cantar, su deseo es posible pero poco probable. Pero si confía en su posibilidad, se centra en ella y trabaja para hacerla realidad, aprendiendo a cantar, aumentará sus probabilidades.

Sea lo que sea lo que quiere conseguir, usted tiene posibilidades de conseguirlo. Puede que, según quién sea, cómo sea, cuáles sean sus recursos personales, cuáles sean sus circunstancias y qué sea lo que quiere, sus probabilidades sean más o menos altas, pero su deseo es posible. Tiene que aferrarse a sus posibilidades. Tener esto presente le ayudará a automotivarse y a mantenerse motivado.

Confiar en nuestras posibilidades no significa creer ciegamente que vamos a conseguir lo que queremos, sino creer que podemos modificar nuestras probabilidades mediante nuestras acciones. Asimilando esto, percibiremos mayor control sobre la realización de nuestro deseo, por lo que aumentará nuestra motivación.

En el caso de que lo que quiera conseguir dependa de que lo consiga antes que otras personas (una competición de cualquier tipo, por ejemplo), debe tener en cuenta que el que otras personas parezcan tener más probabilidades que usted no tiene necesariamente que significar que sean capaces de hacerlas posibles. Lo probable, por muy probable que sea, no suele ocurrir por sí solo. La motivación hace que nos esforcemos por lograr algo, y eso es lo que transforma las probabilidades en posibilidades. En el caso de una carrera de velocidad, una persona puede estar en mejor forma que usted, con lo que las probabilidades que tiene de ganarle son altas, pero si tiene algún problema imprevisto antes o durante la carrera, o, por la razón que sea, su motivación es baja y no quiere correr, no confía en sí misma, o incluso no quiere realmente ganar, esas probabilidades se desvanecerán en el abstracto mundo matemático en donde se originaron.

Para motivarse y lograr mantener la motivación, tenemos que confiar en nuestras posibilidades, sean cuales sean, sin prestar atención a las probabilidades. Cada vez que confiamos en nuestras posibilidades y actuamos, aumentamos nuestras probabilidades, y al ser conscientes de esto, nuestra motivación aumentará.

Confiar en sus posibilidades es apostar por usted, y usted debe ser el primero que lo haga. Si no es capaz de hacerlo, no podrá pedirle a nadie que crea en usted o en lo que desea.

9. Esfuércese

> «La vida os guste o no, normalmente se deletrea lucha. Pocas veces se consigue provecho sin dolor. ¡Es dura!»
> Albert Ellis
> Psicólogo

Rara vez se consigue lo que se desea sin esfuerzo. Es verdad que puede haber golpes de suerte, intervenciones de terceros u otros factores que a algunas personas les facilitarán conseguir algunos de sus deseos sin esforzarse tanto como otras tendrán que hacer. Pero esas circunstancias son parte de la vida y del mundo en el que vivimos, por lo que debemos, en cierto sentido, aceptarlas.

Dejar nuestros deseos en manos de esas variables es perder una gran cantidad de control sobre nuestra automotivación, y, como hemos señalado anteriormente, el propósito de este libro es proporcionarle a quien lo lea el mayor control posible sobre su capacidad de motivación para que no dependa de factores externos.

Esforzarse significa obligarse a emprender y continuar acciones que nos dirijan a conseguir lo que queremos. Esto no quiere decir que tenga usted que estar siempre esforzándose, ni que tenga que sufrir o agotarse en cada paso que dé. Claro que algunas acciones nos costarán esfuerzo, y mucho, pero otras las podremos hacer sin demasiado, o incluso poco, desgaste personal. Esforzarse no siempre tiene que suponer sufrimiento. Si fuera así, sería muy difícil mantener la motivación, porque anticiparíamos mentalmente el sufrimiento de cada acción que tenemos que hacer para conseguir lo que queremos, y eso provocaría que acabáramos por desistir.

Hay cierta mala interpretación del significado de la palabra *esfuerzo*. Intentar conseguir lo que deseamos implica esfuerzo, pero parte de ese esfuerzo nos resultará gratificante. Aunque a otros no se lo parezca, a nosotros sí, porque el esfuerzo nos acerca a algo que realmente deseamos. Una disposición mental automotivadora nos hará percibir el esfuerzo no como desgaste sino como una tarea enriquecedora.

Además, debemos tener en cuenta que en el esfuerzo habrá acciones que serán, simplemente, fáciles de realizar y que nos aportarán dosis de disfrute. Cada paso no tiene por qué ser difícil.

Por ejemplo, para escribir este libro he necesitado motivación, y que esa motivación se mantuviera en el tiempo. De nada me habría servido tratar de escribirlo en una semana, dedicando todas las horas del día al libro, aunque hubiera sido capaz de esforzarme hasta ese punto. Tenía otros aspectos de mi vida que atender, y tenía que dosificar mis fuerzas para que el cansancio o el hastío de estar siempre haciendo lo mismo no me hicieran cometer errores o me desmotivaran. Durante y después del proceso de escribirlo ha habido acciones que han formado parte del esfuerzo para terminarlo y publicarlo, pero que no han supuesto sufrimiento o superar límites personales: breves repasos de capítulos, enviarlo a editoriales, elegir un título, una portada, etc. Algunos pasos han sido sencillos y además muy motivadores, porque han supuesto acciones que me han hecho consciente de que me acercaba un poco más a mi objetivo final, por lo que han contribuido a que mantuviera una disposición mental motivadora.

Así pues, debemos esforzarnos tanto tiempo como para que la motivación se mantenga por medio de nuestras acciones, pero tampoco debemos esforzarnos siempre tanto como para que la motivación desaparezca al anticipar el sufrimiento que supone el esfuerzo.

Esforzarse por conseguir algo significa trabajar para conseguirlo. Nada se consigue sin hacer nada. Esforzarse en ocasiones implicará trabajo duro, sufrimiento, coste personal o sacrificio, pero para que el cansancio derivado del esfuerzo no acabe con la motivación es necesario también saber dosificarse, descansar, relajarse y dar pasos que nos acerquen a nuestro objetivo pero que también nos resulten gratificantes, para así encontrarnos con situaciones adicionales que sirvan de apoyo a nuestra motivación. Si queremos controlar nuestra motivación, esforzarse, sí, trabajar duro también, pero no debemos exigirnos un nivel irreal de esfuerzo que solo contribuiría a desmotivarnos.

Una motivación a prueba de todo, que soporte el sufrimiento y el cansancio más extremos, no está al alcance de todos nosotros y es más propia de momentos puntuales que de un esfuerzo continuado a medio o largo plazo. Si queremos ser capaces de estar motivados de forma realista, de manera que nuestra motivación se mantenga en el tiempo, debemos saber manejar y controlar también nuestro esfuerzo.

Esforzarse, en el sentido que lo usaremos en este libro, significa trabajar para conseguir lo que queremos, pero sin dejar que ese esfuerzo o ese trabajo nos consuman. Esto no tiene que ver con poca capacidad de trabajo, con trabajar despacio o a menos rendimiento del que se es capaz. Tiene que ver con la motivación. Esforzándonos adecuadamente lograremos que la misma motivación que nos lleva a esforzarnos no desaparezca al anticipar sufrimiento. De esta forma aprenderemos a encontrar placer en el esfuerzo, lo que hará que nos motive trabajar para conseguir lo que queremos. Así seremos capaces de mantener en el tiempo tanto nuestro esfuerzo como nuestra motivación.

10. No dependa de sus estados de ánimo

«Si te hundes el mundo se hunde contigo; si empujas,
empujas tú solo».
Anónimo

Los estados de ánimo influyen en nuestra actitud, y la actitud, en cuanto que es una disposición mental, determina nuestra motivación y por lo tanto nuestra conducta.

Si estamos bajo la influencia de estados de ánimo positivos, nuestra actitud será positiva, y por lo tanto tenderemos a comportarnos de forma positiva. Por el contrario, si estamos sometidos a estados de ánimo negativos, nuestra actitud será negativa, y como consecuencia nos comportaremos de forma negativa. Por ejemplo, una persona con un estado de ánimo alegre tenderá a percibir los problemas como menos negativos y a intentar superarlos, y en el lado opuesto, una persona que se encuentre bajo los efectos de un estado de ánimo deprimido o triste, aumentará la importancia de los problemas, con lo que será más propensa a sentirse desmotivada, lo que provocará que emprenda menos acciones para conseguir su objetivo.

Soy consciente de que es muy fácil decir o aconsejar a alguien que no permita que sus estados de ánimo le afecten. Eso no sería realista. Pero si planifica, y es capaz de atenerse a lo planificado aun a pesar de su estado de ánimo, haciendo lo que tenía pensado hacer aunque no se sienta motivado, el mero hecho de actuar y conseguir resultados, por mínimos que sean, hará que su estado de ánimo cambie, y por consiguiente su motivación aumente. Al fin y al cabo, los estados de ánimo son temporales, y siempre acaban pasando, pero su deseo no es un capricho o algo ocasional, por lo que seguirá en su mente a pesar de que pueda estar sufriendo los efectos de un estado de ánimo negativo.

A la hora de actuar bajo estados de ánimo negativos, aunque no sea capaz de hacer todo lo que había planificado, baje el ritmo y haga algo menos de lo que pensaba hacer, pero haga algo. En esas circunstancias, trate de continuar avanzando siempre hacia su objetivo, aunque no siempre vaya al mismo ritmo. Aun en los momentos de más desánimo, una vez que actúe, comprobará como llevar las cosas a la práctica, la experiencia, modifica su estado de ánimo y aumenta su motivación.

Por eso, aunque no pueda evitar verse afectado por los estados de ánimo, al menos trate de que su conducta no dependa enteramente de ellos. Haga algo, por poco que sea, y siempre sea consciente de que el estado de ánimo acabará pasando. No dé por desaparecida su motivación solo porque sienta los efectos de un estado de ánimo negativo. Su deseo sigue ahí, y volverá a aparecer en cuanto pase ese transitorio estado de ánimo.

11. Acepte los golpes

«Si sabes lo que vales, ve y consigue lo que vales, pero tienes que estar dispuesto a recibir los golpes, y no señalar con el dedo y decir que no eres lo que quieres ser por culpa de él o ella, o quien sea».
Extracto de la película *Rocky Balboa*
Sylvester Stallone
Actor, guionista y director de cine

Si deseamos algo y vamos a por ello, enfrentaremos dificultades y deberemos correr ciertos «riesgos», que pueden dar lugar a situaciones que percibamos como pequeñas derrotas y fracasos parciales, y que pueden llegar a afectarnos anímicamente, haciéndonos sentir estados de ánimo negativos.

Cuando estas situaciones aparezcan, debemos enfrentarnos a ellas y tratar de superarlas. Pero superarlas no siempre quiere decir solucionarlas o vencerlas. No sería realista pensar que las circunstancias nunca nos van a derrotar o que nunca nos van a dañar. Si pensamos así, perderemos motivación con facilidad, porque ante un error, ante un fracaso o una derrota, nos desanimaremos y nos desmotivaremos rápidamente.

Nunca debemos perder de vista cuál es nuestro verdadero objetivo, y debemos tener en cuenta que en el camino nos encontraremos personas y situaciones que, por diferentes razones y con distinta intención, tratarán de impedírnoslo, convirtiéndose en obstáculos que pueden provocar que nos desmotivemos. La mejor forma de asegurarse la derrota en los encuentros con esas circunstancias no es perdiendo o siendo dañados, sino desmotivándose.

Debemos aceptar que, en ocasiones, las circunstancias externas nos superarán. Pero si aceptamos esas derrotas con entereza, y encajamos los golpes derivados de ellas, percibiéndolos como parte del camino que nos lleva hacia lo que queremos, seremos capaces de, aun ante situaciones adversas, no retroceder y seguir manteniendo la determinación de intentar lograr, otro día o por otros medios, lo que queremos.

Entender que los reveses son una parte inevitable de nuestro intento nos ayudará a controlar nuestra capacidad de motivación, manteniéndola estable ante circunstancias potencialmente desmotivadoras, y permitiendo que seamos capaces de no refugiarnos en la autocompasión o el victimismo cuando otras personas o situaciones, sencillamente, nos ganen la partida.

Intentar conseguir algo es responsabilidad nuestra, y dejar de intentarlo también es nuestra responsabilidad. Incluso ante los golpes más fuertes, podemos encontrar en nosotros formas de superarlos o encajarlos, de manera que no nos impidan seguir persiguiendo lo que deseamos. De esta forma, seguiremos manteniendo la disposición mental adecuada para continuar motivados.

12. Tenga paciencia

> «Si puedes esperar
> sin cansarte de la espera
> y aun gozar de ella».
> Poema *Si*
> Rudyard Kipling
> Escritor y poeta

Alcanzar un objetivo requiere no solo saber dar los pasos que nos acerquen a él, sino también saber esperar para recoger los frutos de lo que vamos haciendo. Si lo que deseamos lograr fuera fácil, ya lo habríamos conseguido, así que si es difícil, lo normal es que requiera cierto tiempo. Muchas veces es en la espera en donde la mayoría de las personas pierde la motivación.

No pretenda siempre conseguir al momento lo que quiere. En ocasiones será necesario que aprenda a esperar. Hay demasiadas circunstancias interviniendo en la realidad, por lo que debemos dejar que interactúen, entre ellas y con nuestras acciones. Si lo hacemos así, aunque unas veces puedan tornarse en nuestra contra y se formen obstáculos que tengamos que superar, otras veces actuarán a nuestro favor, facilitándonos avanzar hacia nuestro objetivo.

Saber esperar nos permitirá mantener la estabilidad emocional y la disposición mental automotivadora mientras nos vamos acercando a nuestro deseo. Si sabemos ser pacientes, seremos más estables emocionalmente, nuestros estados de ánimo no variarán y no se transformarán en estados de ánimo negativos. Siendo conscientes de que una de las claves para la motivación personal es saber esperar, nuestra automotivación no se debilitará porque la recompensa se demore. Utilizando la paciencia no nos desesperaremos ante los obstáculos, las dificultades y los fracasos parciales y seremos capaces de mantener en el tiempo nuestra motivación.

13. No se exija estar siempre altamente motivado

> «El arte del descanso es una parte del arte de trabajar».
> John Ernst Steinbeck
> Escritor

Nadie está todo el tiempo al cien por cien de su rendimiento o sus posibilidades. A lo largo del día, y de las diferentes épocas de nuestra vida, nos vemos afectados por muchas circunstancias, interiores y exteriores. Y estas circunstancias nos hacen pasar por fases o etapas personales.

No pasa nada porque a veces se sienta con un grado bajo de motivación. Un estado de este tipo se puede deber a muchas razones, desde físicas a psicológicas. En el plano físico, debe tener en cuenta que factores como el cansancio, el metabolismo, los procesos fisiológicos o la salud influyen directamente en la energía que una persona siente disponible para actuar. En el plano psicológico, no debe olvidar que, junto con la motivación, hay otros procesos psicológicos en marcha que le afectan continuamente, como los sentimientos, por lo que a veces es normal sentir que no se está al máximo de las propias capacidades. Sencillamente, a veces todos necesitamos tomarnos un tiempo de descanso, físico y psicológico, o bajar el ritmo al que vivimos y nos esforzamos.

No debe sentirse culpable por pasar por estas fases. Es bueno saber reconocer estos momentos para no confundirlos con desmotivación. En el fondo, su deseo sigue estando ahí, latente, esperando a que supere esa fase. Si abandona, una vez que la haya superado se dará cuenta de que sigue queriendo conseguir lo que deseaba.

En estos casos, lo mejor es tomarnos un tiempo para atender nuestras otras necesidades (descansar, solucionar problemas personales o relajarnos), para una vez recuperadas las energías retomar nuestros intentos cuando volvamos a sentirnos de nuevo motivados.

Reconocer los altibajos en su motivación y saber usar a su favor tanto los picos de motivación (los momentos en los que su grado de motivación es más alto) como los valles (momentos en los que la motivación está en su grado más bajo) le proporcionará un control sobre su capacidad de automotivarse basado en un conocimiento realista de su funcionamiento.

Eso sí, no debe permitir que una fase de baja motivación se alargue más de lo necesario y le acabe haciendo estancarse. No la utilice como excusa para no esforzarse. No se sabotee a usted mismo. Si se toma un descanso, sea cual sea su duración, comprométase a retomar en un plazo determinado sus esfuerzos por conseguir sus objetivos, o trate, como decíamos en la clave *no depen
da de sus estados de ánimo*, de continuar avanzando hacia lo que quiere, pero a un ritmo más lento.

14. Use las circunstancias

> «Si llamas experiencias a tus dificultades y recuerdas que cada experiencia te ayuda a madurar, vas a crecer vigoroso y feliz, no importa cuán adversas parezcan las circunstancias».
> Henry Miller
> Escritor

En su esfuerzo por conseguir lo que quiere se encontrará con circunstancias de todo tipo. Nunca serán todas favorables o todas desfavorables: unas veces serán positivas y otras serán negativas.

Debe aprender a reconocer cuáles son favorables y pueden suponer una oportunidad, para así utilizarlas para avanzar hacia la consecución de su objetivo, y por lo tanto para reforzar y aumentar su motivación. Y debe también aprender a reconocer cuáles son desfavorables, y verlas como lo que verdaderamente son: obstáculos que hay que superar o evitar, y no circunstancias imposibilitadoras de sus deseos.

Es importante aprender a encajar las circunstancias, sean del tipo que sean, en la ruta mental que hemos planificado para conseguir algo, de manera que formen parte de ella, complementándola, sin permitir que si son adversas nos hagan perder motivación, y si son favorables hagan que volquemos toda nuestra motivación en ellas, facilitando que, en caso de que desaparezcan, nos desmotivemos.

Usar las circunstancias no significa solo saber encajar las que nos vamos encontrando, sino también saber rodearnos de las que nos ayuden a mantener o a aumentar nuestra motivación. Saber recurrir a personas, lugares o ambientes que nos aporten positividad y nos inspiren constituye también un elemento sobre el que podemos ejercer control y que nos ayudará a motivarnos.

Por ejemplo, una persona que quiera superar una ruptura sentimental y que se obligue a salir para conocer a otras personas, lo hará con más facilidad si los sitios que elige le gustan, disfruta estando en ellos y se siente identificada con el tipo de personas que allí se encuentra. De la misma manera, un deportista entrenará con más facilidad si lo hace en un entorno que le guste (un campo o un estadio de atletismo) que si lo tiene que hacer en un entorno que no le inspire (correr por la calle).

Las circunstancias son elementos que podemos utilizar para dirigir nuestra automotivación, pero son solo unos elementos más, de los que no debemos dejar que dependa enteramente. Si no lo hacemos así, empezaremos a pensar siguiendo un locus de control externo, creyendo que son ellas, y no nosotros, quienes tienen el control sobre lo que podemos pensar y hacer, lo que afectará a nuestro estado de ánimo y acabará por restarnos capacidad de automotivación.

En resumen: contar con las circunstancias, sí. Reaccionar, adaptarnos a ellas y usarlas como apoyo o ayuda, también. Depender de ellas de forma que controlen nuestra motivación, no.

CLAVES COMPLEMENTARIAS PARA LA MOTIVACIÓN PERSONAL

Una vez desarrolladas las claves básicas, pasamos ahora a ver las claves complementarias.

Las claves básicas proporcionan los pilares imprescindibles sobre los que deben basarse nuestras acciones para intentar conseguir un deseo, y que provocarán un cambio en nuestra disposición mental, proporcionándonos una nueva forma de interpretar nuestros esfuerzos y la realidad, y por lo tanto una mayor capacidad de automotivación. Las claves complementarias nos permitirán refinar y mejorar la capacidad de automotivación adquirida con las claves básicas, por lo que cuanto más las conozca y mayor número de ellas utilice, más y mejor control tendrá sobre su capacidad para automotivarse.

Aunque están explicadas en un capítulo aparte, estas claves son también muy importantes para conseguir un buen dominio de la automotivación. Sin duda, algunas de ellas podrían estar incluidas entre las claves básicas, pero he decidido hacer esta división para facilitar al lector, y a mí mismo en su recopilación y desarrollo, su comprensión, asimilación y aplicación.

1. Reaccione creativamente ante las dificultades

> «Los problemas y conflictos pueden ser la fuente de una derrota, una limitación para nuestra potencialidad, pero también pueden dar lugar a una mayor comprensión de la vida y al nacimiento de una unidad más fuerte en el tiempo».
> Karl Jaspers
> Psiquiatra y filósofo

Ante los errores, las pequeñas derrotas y los obstáculos que le impiden avanzar, reaccione creativamente. Si es necesario, primero tómese un tiempo para asimilarlos y encajarlos en su forma de ser y de ver el mundo, y de esa manera evitar que se conviertan en frustraciones o en motivos de amargura. Permita que los inconvenientes encajen como piezas en lo que está construyendo, y una vez hecho esto, haga algo respecto a ellos. No se limite a resignarse o a abandonar. Si realmente quiere conseguir algo, reaccione ante lo que le impide conseguirlo. Pero no reaccione de cualquier forma, reaccione *creativamente*.

Si reacciona de la «forma tradicional» no conseguirá afrontar esos obstáculos de manera que pueda utilizarlos para mantener su automotivación. Oblíguese a imaginar, idear y poner en práctica soluciones creativas. Para que sean creativas deben responder a su forma de ser y de hacer las cosas. Con la solución que intente, además de reaccionar al problema, trate de crear algo nuevo, sea una nueva forma de pensar, de actuar, una nueva actitud, una nueva relación, etc. Así será capaz de hacer eso que se dice de *«convertir los fracasos en oportunidades»*. Reaccionar ante una dificultad dando salida a una idea innovadora, aprovechar un error para descubrir nuestra capacidad de aguantar dificultades o intentar una solución en una dirección completamente distinta a la que habíamos seguido son algunos ejemplos de reacciones creativas.

Cuando creamos algo nunca sabemos lo que se puede derivar de ello. Pero si es algo nuevo nos enseñará nuevos caminos y nuevas formas de afrontar las situaciones que antes no nos habíamos siquiera planteado. Aproveche los errores, obstáculos y fracasos para, por medio de una reacción creativa, generar nuevas trayectorias e impulsos que sirvan para mantener y aumentar su motivación y que le descubran una nueva perspectiva de su capacidad de afrontar las dificultades.

Reaccionar creativamente siempre le dará mayor control sobre su capacidad de automotivación porque comprobará que ante los fallos y los obstáculos es capaz de hacer cosas nuevas y utilizar recursos personales que le ayudarán a expresar, por medio de acciones, más y mejor quién es y qué quiere.

2. Acepte que se encontrará con obstáculos, barreras, fracasos y momentos difíciles

> «Te reto a aguantar un poco de dolor. Te reto. Te reto a que no te vayas a casa».
> Eric Thomas
> Educador y escritor

Debe tener claro que es inevitable encontrarse con obstáculos que adoptarán diferentes formas. Pensar que conseguirá lo que desea sin cometer errores, afrontar dificultades o fracasos parciales no es realista, y solo servirá para que su disposición mental esté erróneamente construida, y por lo tanto su motivación no resista los golpes de la realidad.

La mayoría de los obstáculos que nos encontraremos cuando intentemos conseguir algo estarán en nuestra mente. Esto no quiere decir que no existan en la realidad, claro que existen. Personas, situaciones y circunstancias darán forma, con mayor o menor intención, a las dificultades con las que nos enfrentaremos. Pero será la manera de percibirlos y valorarlos lo que los convertirá en obstáculos: lo que para una persona es una barrera insalvable, para otra puede ser solo un inconveniente que superará sin demasiado esfuerzo.

Acepte entonces que se encontrará con obstáculos, en forma de errores, dificultades, barreras, complicaciones y problemas. Todos serán circunstancias que no dependerán de usted. Lo que si dependerá de usted es aprender a reconocer por qué los percibe como obstáculos y qué opciones y recursos tiene para superarlos. En la medida en que sepa reconocer los límites que se autoimpone y que le hacen percibirlos como obstáculos, menos le costará aceptarlos y superarlos.

No retroceda ante los obstáculos si quiere conseguir lo que desea. Ante ellos, rétese a enfrentarlos. Avance hacia ellos un poco más de lo que lo haría habitualmente, supere en unos pocos pasos los límites que se autoimpone. Aprenda a seguir esforzándose aun en circunstancias desfavorables. Piense con objetividad qué es lo que está en juego y qué puede perder realmente. Aprenda a no dramatizar las consecuencias de los problemas, porque normalmente no son tan graves como imagina. Simplemente se trata de que tiene que acostumbrarse a la incomodidad de seguir luchando por lo que quiere en condiciones adversas.

3. Acepte que cometerá errores y no se torture con ellos

«He fallado más de 9.000 tiros en mi carrera. He perdido casi 300 partidos. 26 veces han confiado en mí para hacer el tiro que ganaba el partido y lo fallé. He

fallado una y otra vez, y otra vez, en mi vida. Pero nunca me he dado por vencido. Y es por eso que he tenido éxito en la vida».
Michael Jordan
Jugador de baloncesto

Se equivocará en algunas de las decisiones que tome o en algunas de las cosas que haga, y esos errores le generarán estados de ánimo negativos. Pero esos estados de ánimo serán transitorios, y lo serán cada vez más en la medida en que acepte, incluso antes de cometerlos, que no hay nada que pueda hacer para no cometer errores.

No importa lo mucho que haya planificado algo, el interés o el esfuerzo que haya dedicado, la posibilidad de cometer un error siempre estará ahí, bien porque ha ocurrido una situación inesperada, bien porque se ha dado una circunstancia no prevista, o bien porque han intervenido otras personas.

Pero que en ocasiones vaya a cometer errores no significa que otras veces no acierte. Generalmente acertamos más veces de las que nos equivocamos, lo que ocurre es que pensamos (más bien nos torturamos) más en nuestros errores que en nuestros aciertos.

Aceptar nuestros errores, antes y después de cometerlos, y ser conscientes de que tenemos la capacidad y la oportunidad de enmendarlos, nos dará más control sobre nuestra motivación, porque evitaremos estados anímicos y mentales negativos cuando aquellos, inevitablemente, se produzcan.

4. Aprenda a vivir con la incomodidad

«¿Crees que estás cansado? Ni hablar. ¿Crees que no lo puedes hacer? Claro que sí. ¿Cuánto de malo hay que estar para estar malo? ¿Crees que no puedes subir esa colina porque te están sangrando las manos? Sí que puedes».
Dale Daye
Militar retirado

Perseguir algo implica pasar por situaciones de incomodidad personal, sea porque tenemos que enfrentar problemas, porque tenemos que elegir caminos y renunciar a circunstancias que a pesar de que no nos proporcionan exactamente lo que queremos nos hacen la vida más cómoda, o porque a la vez que perseguimos un objetivo continuamos viéndonos afectados por cuestiones cotidianas y más mundanas que el ideal que tenemos en mente.

Perseguir un deseo puede provocar que nos veamos en situaciones personales y vitales difíciles: incomprensión, falta de apoyo, falta de cosas, pérdida de recursos económicos, enfrentar situaciones nuevas, no poder prestar la debida atención a otras partes de nuestra vida, etc. Y además seguimos teniendo que lidiar con las cuestiones prácticas de la vida (pagar las facturas) y con problemas derivados de otras situaciones, como problemas económicos, de relaciones personales o de cualquier otro tipo de los que la gran mayoría de las personas tenemos casi cotidianamente. Todas estas situaciones, si no las sabemos manejar, acabarán afectando a nuestra motivación.

La incomodidad psicológica de estas circunstancias, y a veces incluso la física (cansancio y estados de ánimo negativos), nos desmotiva, porque nos descentra de nuestro objetivo y provoca que desviemos nuestra atención de lo que deseamos hacia otros asuntos.

Convivir con distintos tipos de problemas y tratar de solucionar diferentes situaciones puede descentrarnos completamente de nuestro objetivo y también nos pueden restar capacidad de disfrute de situaciones agradables y positivas, impidiendo que nuestra motivación se vea reforzada.

Para poder mantener la motivación es necesario aprender a convivir con las circunstancias de todo tipo que se van dando en nuestra vida y saber reservar la energía, atención y recursos necesarios para atenderlas o mitigarlas, de forma que no nos distraigan en exceso de nuestro objetivo. Debemos acostumbrarnos a intentar solucionar varios problemas a la vez sin asustarnos o desesperarnos, a vivir con la incomodidad que eso supone, y a no angustiarnos por tener que convivir con ellos durante un tiempo. De esta manera, evitaremos que interfieran en nuestra motivación, debilitándola.

Aprendiendo a vivir con la incomodidad ganaremos control sobre nuestra capacidad para motivarnos, porque desactivaremos la posible influencia que las «incomodidades» que forman parte de la vida tienen sobre nuestro estado de ánimo, y consecuentemente sobre nuestra motivación.

5. Acepte que se encontrará con circunstancias favorables

«Quien no cree en milagros, no es realista».
David Ben-Gurion
Político

Su motivación no debe depender de las circunstancias, pero de la misma manera que tenemos que aceptar que nos encontraremos con obstáculos, también debemos aceptar que nos encontraremos con circunstancias favorables, que nos facilitarán nuestro propósito.

A todos, sin excepción, nos pasan cosas buenas y malas, cosas que nos gustan y cosas que no nos gustan. Así que cuando perseguimos algo, si tenemos que aceptar que nos encontraremos con circunstancias desfavorables, también podemos aceptar, sin riesgo de equivocarnos, que nos encontraremos con circunstancias que nos ayudarán a conseguir lo que queremos.

Pero estas circunstancias favorables deben encontrarnos motivados, empujándonos a nosotros mismos en la dirección que lo harán ellas. Así, cuando nos las encontremos, supondrán un descanso, un impulso extra o la confirmación de que la realidad empieza a aceptar nuestro deseo.

Por eso, si bien no debemos contar con ellas como elementos de los que dependa nuestra motivación, si queremos ser realistas debemos esperar también encontrarnos con circunstancias, situaciones y personas facilitadoras, que nos ayudarán a conseguir lo que queremos, y que supondrán oportunidades que reforzarán nuestra motivación y nuestra determinación.

Siempre habrá obstáculos y dificultades, pero siempre, también, habrá ayudas y apoyos. Permítase siempre pensar con esperanza y optimismo sobre el futuro. No niegue, pensando de una forma no realista, que lo que intente le puede, simplemente, salir bien. No tener esto en cuenta es pensar de una forma no realista que le llevará a autoinducirse estados de ánimo negativos que afectarán a su motivación.

6. Acepte que puede no conseguirlo

«La mayor gloria no es nunca caer, sino levantarse
siempre».
Nelson Mandela
Político

Acepte que puede darse el caso de que no consiga lo que quiere. Y no solo eso, sino de que se quede a medio camino, de que se quede a solo un paso de conseguirlo o de que fracase por un error insignificante.

Es necesario ser realista. Pensando de esta manera los fracasos y las pequeñas derrotas no minarán su motivación porque le hagan pensar que está ante el umbral de la derrota, lo que le haría perder estabilidad emocional y mental. Si ha aceptado de antemano que puede no conseguirlo, no temerá fracasar, por lo que no se presionará innecesariamente.

Solo usted debe decidir cuándo debe dejar de intentar algo. Si está preparado para la opción de no conseguirlo, por la razón que sea, aun en el caso de que decida abandonar, mantendrá el control sobre su capacidad de motivación para utilizarla en otra ocasión, con otros deseos. Aceptando como una posibilidad real no conseguir lo que quiere, no permitirá que, si llega ese momento, la desmotivación más dura se apodere de usted, frustrándole de forma crónica y provocándole sentimientos negativos que le acompañarán durante mucho tiempo.

Tenga siempre presente que la motivación no garantiza que consigamos algo, lo que garantiza es que seamos capaces de intentarlo con la mejor disposición personal posible, lo que aumentará nuestras probabilidades de conseguirlo.

Aceptar que podemos no conseguir lo que queremos no es resignarse a la derrota o al fracaso, es prepararse para que, si esa opción se da, sigamos teniendo control sobre nosotros y nuestra motivación, y no nos consideremos fracasados, derrotados o frustrados. Se tratará solo de que intentamos conseguir lo que queríamos, dando lo mejor de nosotros, y no lo logramos. Nuestra vida tiene muchos otros terrenos que explorar y nosotros, como seres humanos, tenemos muchas otras capacidades que desarrollar.

7. No siga las normas

«Para abrir nuevos caminos, hay que inventar,
experimentar, crecer, correr riesgos, romper las reglas,
equivocarse... y divertirse».
Mary Lou Cook
Escritora

Si sigue las normas que los demás le imponen solo conseguirá lo que los demás le permitan conseguir. Acostúmbrese a pensar por sí mismo y a hacer las cosas a su manera. Si no, será incapaz de reaccionar creativamente a los obstáculos, porque reaccionará tal y como otros le dictan.

Aprenda a adaptarse, a improvisar, a buscar nuevas vías y a abrir nuevos caminos. Eso es parte de pensar creativamente. Siga siempre su motivación y haga lo que quiere hacer, a pesar de que las circunstancias no le muestren un camino claro. Que ese camino no esté a la vista no quiere decir que sea imposible transitar por él; a lo mejor solo hay que intentarlo. Acostúmbrese a apartar de usted la sensación de extrañeza cuando intenta algo de una manera que nadie le ha contado o le ha dicho que existe. Continúe intentándolo así, si así es como le sale.

Nada aumentará tanto su motivación como ser capaz de encontrar una forma de hacer lo que quiere cuando las circunstancias parecían mostrarle que no había ninguna manera de hacerlo. Nada le hará sentir más motivado y con mayor sensación de poder realmente conseguir hacer realidad sus deseos.

Debe tener en cuenta que, en función de qué sea lo que quiere conseguir, es posible que no haya caminos trazados porque nadie antes, en el entorno en el que se mueve habitualmente, ha querido conseguir lo mismo que usted. Al fin y al cabo, en los casos en los que sí hay caminos trazados es porque otras personas han deseado algo y se han encargado de hacerlos. Tal vez, en lo que a su deseo respecta, le toque a usted la responsabilidad de ser un pionero y abrir el camino a los que vengan detrás. Sin duda, verlo de esta forma, pensar que puede ser el ejemplo de otras personas, le ayudará a ganar motivación extra a la hora de intentar soluciones creativas para conseguir lo que quiere.

8. No busque hacer las cosas perfectas, simplemente hágalas

«Procurando lo mejor estropeamos a menudo lo que
está bien».
William Shakespeare
Escritor

A menudo, la diferencia entre dos personas que querían lo mismo, y una lo consiguió y otra no, no está en que la primera lo intentara haciendo las cosas mejor que la segunda. La diferencia suele estar en que quien lo consiguió simplemente lo intentó, o siguió intentándolo a pesar de los errores y las circunstancias adversas hasta que tuvo éxito.

Lo que marca la diferencia es hacer las cosas que pensamos. Si salen perfectas, mejor, pero si no salen del todo como queremos no tiene por qué significar que no podamos conseguir lo que deseamos.

Si lo piensa un poco, seguro que le vienen a la mente ejemplos de personas que han logrado lo que querían pero no son necesariamente los mejores en lo que hacen o los resultados de lo que hicieron fueron perfectos. Un libro, una canción o una obra de teatro son el resultado de los deseos de personas que mantuvieron su motivación y lograron transformar en realidad un deseo, pero sin duda en esas obras puede haber defectos, aspectos que mejorar o partes sujetas a crítica. Pero quienes los trasladaron de su mente a la realidad lo hicieron sin permitir que la obsesión por la perfección les llevara a la inacción y al inmovilismo.

La búsqueda obsesiva de la perfección le puede hacer caer en estados de ánimo que le causen pérdida de motivación, y acabe no intentando algo o abandonando. Por el contrario, cuando vemos que lo que teníamos en la mente se ha convertido en un hecho, realizado por fin, aunque no sea perfecto, ganamos motivación. No obcecarse en la perfección le ayudará a mantener su automotivación.

A veces, en cuestiones que dependen de otras personas, conseguimos lo que queremos aun sin hacer las cosas perfectas porque los demás no esperan la perfección. No deje de intentar algo porque no pueda o no sepa hacerlo perfecto. Hágalo, aprenda de la experiencia de haberlo hecho y trate de mejorarlo, si puede, para la próxima vez. El mundo no es perfecto, así que no se empeñe en conseguir la perfección en cada cosa que hace. Actúe primero, y después mejórelo si es necesario y tiene la posibilidad.

9. Acepte que los estados físicos, anímicos o mentales provocados por el esfuerzo y las dificultades son temporales

«Haz que tu cabeza trabaje a favor tuyo y poco a poco adquirirás la costumbre de no molestarte cuando las cosas vayan mal».
Wayne W. Dyer
Escritor

Si percibimos como definitivos los estados de ánimo o los estados mentales de preocupación o negatividad que nos producirán los problemas con los que nos encontremos, nos desmotivaremos. Creeremos que esos estados le han ganado la partida a nuestra motivación y que esta ha desaparecido.

Si realmente queremos conseguir algo, el deseo no desaparecerá porque nos sintamos física o mentalmente cansados. Es normal que cualquiera de nosotros pase por estados de este tipo, ya sea por dificultades relacionadas con lo que queremos conseguir o por otras circunstancias de nuestra vida, pero estos estados son temporales. En cuanto desaparezcan, y siempre desaparecen, seguiremos teniendo ese deseo.

Para mantener nuestra motivación debemos ser conscientes de que pasaremos por estados negativos que son transitorios. Puede que en ocasiones duren más de lo que querríamos y se alarguen bastante en el tiempo. Eso va a depender de qué tipo de estado suframos y de qué circunstancias lo hayan provocado. Si aceptamos que pasaremos por estados de ánimo y mentales negativos, y que, aunque puedan durar, realmente son pasajeros, nuestra disposición mental no cambiará, y aunque mientras esos estados duren puede que no seamos tan eficaces o vitales en nuestras acciones, si sabemos esperar a que pasen nos encontraremos de nuevo realizando acciones para conseguir lo que queremos.

Además, el grado de recuperación de estos estados, si hemos sabido mantener, aun en un nivel bajo o latente, nuestra motivación, es muy rápido. En cuanto dejemos atrás un estado físico, anímico o mental negativo, rápidamente recuperaremos un alto nivel de motivación, ya que seguiremos teniendo claro lo que queremos conseguir. Evitaremos así perder tiempo en pasar otra vez por el proceso de darnos cuenta de qué es lo que deseamos.

10. Acepte que está solo/a en lo que quiere conseguir

> «La felicidad es interior, no exterior; por lo tanto, no depende de lo que tenemos, sino de lo que somos».
> Henry Van Dyke
> Escritor

Aunque no esté solo en lo que quiere conseguir, aceptarlo le ayudará a que su motivación no dependa de la ayuda de otras personas o de las circunstancias externas.

Puede que en su intento de conseguir algo reciba ayuda y apoyo, e incluso puede que reciba mucha ayuda y mucho apoyo. Si los tiene, mejor. Eso ya dependerá de sus circunstancias personales. Pero para que su motivación sea realmente automotivación, es necesario que no cuente con que siempre los va a tener. Llegado el momento, debe ser capaz de continuar solo para conseguir lo que desea. Si no lo hace así, cuando le falten el apoyo y la ayuda desistirá de su intento.

Tenga en cuenta que lo que quiere conseguir lo quiere conseguir usted. Otras personas pueden compartirlo en parte, durante un tiempo y por distintas razones, pero en el fondo es usted quien lo quiere. Por eso, su motivación debe depender exclusivamente de usted. No puede culpar a los demás si en algún momento, por la razón que sea, deciden retirarle su apoyo, o a las circunstancian si cambian y se vuelven desfavorables. En esos momentos debe ser capaz de aceptar que lo que quiere conseguir es para usted y por lo tanto depende solamente de usted continuar intentándolo. Pensando de esta forma tendrá mayor capacidad de control sobre su motivación, ya que no dependerá en exceso de otras personas o de circunstancias externas.

11. Trate de disfrutar

Lo que no le divierta nada no le motivará, excepto si la recompensa es muy grande, y aun así es probable que con el paso del tiempo deje de motivarle, cuando se haya acostumbrado a recibir esa recompensa.

Trate de disfrutar haciendo lo que tiene que hacer para conseguir lo que desea. Si disfrutamos haciendo algo, el mero hecho de hacerlo nos motivará. Y la mejor forma de disfrutar haciendo algo es haciendo lo que nos lleva a conseguir lo que verdaderamente deseamos.

Disfrutar no tiene por qué significar pasárselo bien. Disfrutamos si lo que hacemos sirve para expresar quienes somos. Es por eso que podemos disfrutar aun cuando hacemos algo que nos exija esfuerzo y cierto sufrimiento. Por ejemplo, un atleta no tiene por qué pasárselo bien, en el sentido lúdico, en las sesiones de entrenamiento, pero disfruta porque está haciendo lo que le gusta, y le gusta porque lo que hace le ayuda a definir quién es, y eso le motiva para continuar haciéndolo.

En sus intentos por conseguir lo que desea, aprenda a centrarse en sus sensaciones interiores. Si lo hace así, descubrirá que, independientemente de los resultados y de su estado físico o anímico, realmente está disfrutando con lo que hace, porque le ayuda a descubrir y expresar quién es.

12. Céntrese en el presente

Si queremos ser capaces de mantener nuestra motivación debemos tratar de mantener nuestra atención en el presente y no pensar con demasiada frecuencia en el futuro. De esta manera, focalizaremos nuestro esfuerzo en las cosas que estamos haciendo y no malgastaremos tiempo mental pensando en el resultado de algo que todavía no hemos terminado de hacer. Centrándonos en el presente y en lo que hacemos no anticiparemos los resultados de nuestras acciones.

Si bien es inevitable pensar de vez en cuando en el futuro (más adelante incluso veremos cómo utilizar esto a nuestro favor), debemos mantenernos centrados en lo que hacemos. Centrarnos en la tarea más que en el resultado hará que se vayan modificando, para mejor, nuestras probabilidades de conseguir lo que queremos, invalidando así los resultados que anticipamos mentalmente si nos dejamos llevar por predicciones a futuro.

13. Aprenda de cada paso que dé

> «La actividad más importante que un ser humano puede lograr es aprender para entender, porque entender es ser libre».
> Baruch Spinoza
> Filósofo

Es importante extraer lecciones de cada paso que damos en el intento por conseguir algo. Normalmente se asocia *aprender*, cuando está relacionado con hacer o conseguir algo, con *«aprender de los errores»*, pero si queremos tener más control sobre nuestra capacidad de automotivación, debemos aprender no solo de los errores, lo que nos ayudará a mejorar, sino también de los aciertos, lo que nos ayudará a ser más eficaces.

La predisposición a aprender nos facilitará futuros pasos que tengamos que dar, y nos ayudará a mantener e incluso aumentar nuestra motivación, porque, por un lado, iremos conociendo más el terreno que tenemos que transitar para conseguir lo que queremos, y, por otro lado, nos iremos conociendo más a nosotros mismos, tanto por los recursos personales de los que disponemos como por nuestras reacciones y limitaciones.

Estando mentalmente abiertos al aprendizaje continuo y desarrollando nuestra capacidad de observación y análisis, en el futuro habrá menos situaciones y circunstancias que sean tan nuevas que no sepamos adaptarnos a ellas, que si no supiéramos cómo afrontar nos generarían estados de ánimo negativos que influirían en nuestra motivación.

Aprender nos da conocimiento, y el conocimiento siempre otorga seguridad. La seguridad proporciona estabilidad mental y emocional, y eso, como dice la frase que encabeza este apartado, nos hará más libres, porque estaremos menos a merced de las circunstancias externas, lo que nos permitirá pensar con más independencia y control, y por lo tanto podremos mantener con más facilidad una disposición mental automotivadora.

14. Tómese su tiempo para hacer las cosas

«El tiempo es la moneda de tu vida. Tú debes gastarla. No dejes que otros la gasten por ti».
Carl Sandburg
Poeta y escritor

Si entre las reglas básicas veíamos que hay que hacer las cosas a la manera de cada uno, no es menos cierto que hay que hacerlas cuándo y durante el tiempo que uno crea conveniente.

Actuar siguiendo ambas claves nos permitirá mantener nuestro nivel de motivación, porque actuaremos de la manera y durante el tiempo que nos hagan sentir cómodos.

Si queremos mantener el control sobre nuestra motivación, debemos también tener el control sobre nuestras acciones, que son las que generan la disposición mental automotivadora.

Tener control sobre nuestras acciones implica saber que podemos actuar al ritmo que necesitamos. Unas veces será a un ritmo más alto y otras veces será a un ritmo más bajo, dependiendo de las distintas circunstancias del momento, pero si mantenemos nuestras acciones constantes en el tiempo, y las hacemos cómo, cuándo y durante el tiempo que queremos, controlaremos más nuestra capacidad de motivación, porque seremos conscientes de que nunca tendremos que hacer, para conseguir lo que queremos, algo que no queremos o durante más tiempo del que podemos aguantar o creemos necesario.

15. Ante las dificultades céntrese más en las soluciones que en los inconvenientes

«El chiste está en lo que uno recalca. O nos hacemos infelices o nos hacemos fuertes. La cantidad de trabajo es la misma».
Carlos Castaneda
Antropólogo y escritor

Una vez que un problema, una dificultad o una circunstancia adversa e inesperada ha aparecido en nuestro camino, no sirve de mucho lamentarse ni buscar excesivas explicaciones o razones de por qué nos hemos encontrado con ese problema. Lo que verdaderamente importa es orientarse a la solución, es decir que seamos capaces de superarlo para que no nos impida conseguir lo que deseamos.

Si bien cierto análisis de los problemas (para así aprender de ellos) es recomendable, este análisis debe hacerse a posteriori o como elemento de valoración de posibles soluciones (en el capítulo *Ayudas para la automotivación* veremos cómo orientarse a la solución de problemas).

Centrarse en la solución de los problemas, y disponer de un método para analizarlos y solucionarlos, aumentará nuestra capacidad de automotivación porque nos dará más confianza en nuestros recursos y por lo tanto hará que percibamos como más probables nuestras posibilidades de conseguir lo que queremos.

16. Elija siempre hacer algo antes que no hacer nada

«El único gran elemento para la continuación del éxito en una ofensiva es mantener el ímpetu».
George C. Marshall
Militar y político

A estas alturas del libro, sabemos que la experiencia, traducir en acciones nuestros pensamientos, es lo que provoca que cambie nuestra disposición mental, y por tanto que podamos generar y mantener una actitud automotivadora. Por eso, antes que no hacer nada, elija siempre hacer algo, por poco que sea.

Aun cuando su estado de ánimo sea negativo, el simple hecho de hacer algo le hará tomar conciencia de que sigue teniendo probabilidades de conseguir lo que quiere. Y eso tendrá un efecto motivador en usted. Una acción, por breve e insignificante que pueda ser, sirve para superar muchos de los pensamientos que causan los estados anímicos o mentales negativos.

No se permita quedarse más tiempo del necesario parado en la duda, la incertidumbre o la inacción. Tome decisiones y trate siempre de continuar avanzando hacia su objetivo mediante acciones, sea al ritmo que sea y sean estas acciones de la importancia que sean. Mantenga, en la medida de sus posibilidades y por medio de sus acciones, el ímpetu y el esfuerzo.

17. Canalice su energía

> «La energía y la perseverancia conquistan todas las cosas».
> Benjamin Franklin
> Político, científico e inventor

Cuando intentamos algo, ponemos en marcha *energías*. Con la palabra «energías» no me refiero a algo abstracto o metafísico, sino a que dedicamos tiempo mental para pensar sobre lo que queremos conseguir y cómo conseguirlo, y a que realizamos acciones que creemos que nos ayudarán a conseguirlo. Todos estos procesos, mentales y físicos, consumen energía, ya que para pensar y actuar necesitamos energía.

Por eso, es importante saber canalizar las energías disponibles y enfocarlas hacia nuestro objetivo, para poder destinar a nuestro intento las fuerzas necesarias.

Saber canalizar nuestras energías supone que no debemos malgastarlas en dudas crónicas, indecisiones y acciones que no hemos valorado lo suficiente. Y también supone evitar distracciones que no nos aportarán nada, y que solo servirán para que derrochemos energías que nos serían muy útiles si las hubiéramos canalizado en la dirección adecuada.

Canalizar adecuadamente las energías de nuestros esfuerzos mentales y físicos nos motivará, porque nos percibiremos como más eficaces en el uso que de nosotros mismos hacemos. Nos aportará sensaciones de competencia, utilidad y destreza que nos ayudarán a mantener una disposición mental automotivadora.

18. No se obsesione

«Amor y deseo son dos cosas diferentes; que no todo lo que se ama se desea, ni todo lo que se desea se ama».
Miguel de Cervantes
Escritor

Deseemos lo que deseemos, la vida de cualquier persona está llena de más cosas que las que desea. En nuestro esfuerzo por conseguir lo que queremos debemos ser trabajadores y constantes, pero también es necesario que aprendamos a disfrutar de las demás partes de nuestra vida.

Nunca debemos olvidarnos de vivir y disfrutar también de las otras facetas de la vida, y de saber valorarlas, sin relegarlas a un lado solo porque no forman parte de lo que queremos. No hacerlo así puede provocar que nos obsesionemos, y aunque la obsesión puede traer el éxito, por la dedicación exclusiva que implica, también puede acarrear la frustración de no saber aceptar un fracaso, o el fracaso de habernos olvidado de prestar atención a partes importantes de nuestra vida, que cobrarán su verdadero valor cuando notemos su ausencia.

No obsesionarse y saber prestar atención a otros aspectos de nuestra vida nos ayudará, por un lado, a encontrar zonas y situaciones de descanso en las que recuperar energías y vitalidad que sirvan para mantener nuestra motivación, y por otro lado, a proporcionarnos otros campos en los que apoyarnos mientras no consigamos lo que deseamos o a los que podamos recurrir en caso de que finalmente no consigamos nuestro objetivo.

19. Acostúmbrese a explorar

«Solamente los que arriesgan llegar demasiado lejos
son los que descubren hasta dónde pueden llegar».
Thomas Stearns Eliot
Poeta

En ocasiones puede encontrarse con personas, situaciones y circunstancias que no entraban en sus planes y que no sabe si son favorables o no para su objetivo.

Antes de, por miedo, rechazarlas o ignorarlas, acostúmbrese a explorarlas. Sin abandonar del todo sus reservas, y llegando hasta el punto en que crea que puede sentirse cómodo haciéndolo, explore esas nuevas circunstancias para ver si le pueden aportar algo a su vida y a su objetivo.

Nunca menosprecie o subestime a nadie ni a nada solo porque no encaje en sus esquemas mentales. Tener presente esta clave le ayudará a controlar su motivación, porque no se negará oportunidades que, sin duda, irá encontrando en su camino. Saber aprovechar algunas de ellas constituirá un refuerzo positivo para su automotivación y le dará la seguridad de que dispone de la capacidad personal para saber reconocer las oportunidades.

CUESTIONARIO DE MEDICIÓN DEL USO DE LA CAPACIDAD DE AUTOMOTIVACIÓN

«Las personas cambian cuando se dan cuenta del potencial que tienen para cambiar las cosas».
Paulo Coelho
Escritor

Una vez que ya conoce las claves para motivación personal, vamos a medir cuál es el grado en que actualmente utiliza su capacidad de automotivarse.

Con esta medición sabrá, de forma aproximada, cuál es el punto en el que se encuentra y cuánta atención y esfuerzo debe utilizar para desarrollar su capacidad de automotivación.

Es obligado decir que este cuestionario no ha sido diseñado ni validado con los criterios y herramientas que se exigen para considerar un test como tal. Es un sustituto de las preguntas que yo le haría si tuviera ocasión de entrevistarme con usted para averiguar cuál es el uso que hace de su capacidad de automotivación y saber así cuáles son los aspectos en los que debería aconsejarle trabajar. Los resultados serán útiles para darle una orientación de en qué grado está actualmente utilizando su capacidad para motivarse.

El cuestionario se basa en saber en qué medida usa para su motivación personal las claves que hemos visto. Cuanto más las esté utilizando, más sencillo le resultará, aplicando lo aprendido en este libro, generar en usted un estado mental automotivador.

¿Cómo lo haremos?

El cuestionario está dirigido a saber cuáles, de las claves para la motivación personal, utiliza y en qué grado. No se preocupe si da una puntuación baja. El cuestionario solo busca hacerle consciente de en qué punto se encuentra, para que así sepa cuánto debe desarrollar su capacidad de automotivación. Los resultados solo dan información, en ningún caso le definen ni le niegan la oportunidad de aprender a manejar su capacidad automotivadora.

Instrucciones

— Utilice una hoja y un lápiz para anotar sus respuestas.
— No se trata de preguntas, sino de afirmaciones. Debe valorar hasta qué punto se pueden aplicar a usted.
— Hay cuatro opciones de respuesta para cada afirmación. La primera opción, *Nunca*, tiene tendencia negativa, en el sentido de que refleja que usted no piensa o no se comporta como se dice en la afirmación. La última opción, *Siempre*, tiene tendencia positiva, en el sentido de que sirve para marcar que piensa o se comporta como se afirma. Las opciones *A veces* y *Frecuentemente* son opciones intermedias entre ambos extremos.
— A la hora de responder le puede servir de ayuda pensar en situaciones personales pasadas o presentes.
— Aunque las opciones disponibles no se ajusten completamente a la respuesta que quisiera dar, trate de marcar la que más se aproxima. Solo se busca una tendencia, por lo que no hace falta ser exhaustivo en la respuesta.

Cuestionario de medición del uso de la capacidad de automotivación

Lea cada cuestión con detenimiento y para cada una de las afirmaciones responda lo que más se ajusta a cómo piensa y actúa, escogiendo una de entre las siguientes opciones:

– *Nunca*
– *A veces*
– *Frecuentemente*
– *Siempre*

1. Creo que realmente tengo opciones de conseguir lo que deseo.

   – *Nunca*
   – *A veces*
   – *Frecuentemente*
   – *Siempre*

2. Cuando planifico algo, lo acabo poniendo en práctica.

   – *Nunca*
   – *A veces*
   – *Frecuentemente*
   – *Siempre*

3. Tiendo más a la acción que a la reflexión.

   – *Nunca*
   – *A veces*
   – *Frecuentemente*
   – *Siempre*

4. Hago lo que quiero hacer y no permito que las dudas e inseguridades me lo impidan.

   – *Nunca*
   – *A veces*
   – *Frecuentemente*
   – *Siempre*

5. Cuando intento algo, lo intento al cien por cien, sin reservas. No pienso en las consecuencias de fracasar.

– *Nunca*
– *A veces*
– *Frecuentemente*
– *Siempre*

6. Soy una persona de criterio propio, y no permito que las opiniones de los demás influyan excesivamente en cómo veo las cosas.

– *Nunca*
– *A veces*
– *Frecuentemente*
– *Siempre*

7. Cuando hago algo, lo suelo hacer como creo que hay que hacerlo, sin escuchar demasiado a los demás.

– *Nunca*
– *A veces*
– *Frecuentemente*
– *Siempre*

8. Creo que, si se lo proponen y lo intentan, las personas pueden conseguir lo que desean aun en las circunstancias más adversas.

– *Nunca*
– *A veces*
– *Frecuentemente*
– *Siempre*

9. Hago las cosas lo mejor que puedo: cuando intento algo me esfuerzo mucho, hasta el límite de mis posibilidades.

– *Nunca*
– *A veces*
– *Frecuentemente*
– *Siempre*

10. Me considero una persona estable emocionalmente, no permito que las cosas negativas que me pasan me afecten mucho.

– *Nunca*
– *A veces*
– *Frecuentemente*
– *Siempre*

11. Soy constante y tengo disciplina, no permito que las emociones negativas y los sentimientos de desánimo me impidan hacer las cosas.

– *Nunca*
– *A veces*
– *Frecuentemente*
– *Siempre*

12. Tengo paciencia y sé esperar a que las cosas ocurran.

– *Nunca*
– *A veces*
– *Frecuentemente*
– *Siempre*

13. Si me siento bajo/a de estado de ánimo no me preocupo porque sé que se me pasará pronto.

– *Nunca*
– *A veces*
– *Frecuentemente*
– *Siempre*

14. Sé evitar las situaciones negativas y sé buscar las situaciones que son positivas.

– *Nunca*
– *A veces*
– *Frecuentemente*
– *Siempre*

Corrección

Para averiguar el resultado utilice la tabla de corrección. Tendrá que hacer unos sencillos cálculos matemáticos, por lo que le puede ser de utilidad tener a mano una calculadora.

Siga las instrucciones que vienen a continuación para saber cómo cumplimentarla.

Tabla de corrección.

Opciones	Respuestas	Multiplicar por	Resultado
Nunca		2,5	
A veces		5	
Frecuentemente		7,5	
Siempre		10	
		TOTAL	

Instrucciones para la corrección

— En la columna 2, *Respuestas*, anote sus respuestas. Por ejemplo, si ha marcado *Nunca* en cuatro ocasiones, ponga 4 en la primera fila vacía de la columna 2.

— En columna 4, *Resultado*, anote el resultado de multiplicar el número que ha puesto en la columna 2, *Respuestas*, por las cifras que están en la columna 3, *Multiplicar por*. Por ejemplo, si en la columna 2 había marcado 4 para la opción *Nunca*, deberá multiplicarlo por 2,5 y anotar el resultado en la columna 4. Es decir, 4 x 2,5= 10, por lo que deberá anotar 10 en la primera fila vacía de la columna 4.

— A continuación, sume todos los valores de la columna 4, y anótelos en la celda *TOTAL*.

Resultados

— **Puntuación hasta 69.** El nivel en que utiliza su capacidad de automotivación es bajo. Es probable que le resulte muy difícil motivarse o que su motivación dependa en exceso de elementos externos. Debe empezar a aplicar las claves para la motivación personal. Una vez que empiece a hacerlo, comprobará rápidamente como cambia su forma de percibir la realidad y descubre una capacidad en su interior que desconocía hasta ahora.

— **Puntuación entre 70 y 105.** Su manejo de la capacidad de automotivación es intermedio. Es probable que su capacidad para motivarse esté solo medianamente desarrollada porque no ha tenido ocasión de ver cómo otras personas la utilizan para motivarse y conseguir lo que quieren, lo que ha hecho que no haya pensado seriamente sobre la existencia de unas claves comunes a todos nosotros. Esto ha hecho que no tenga demasiado control sobre esta capacidad, que está a la espera de que la desarrolle a un nivel más alto. A medida que empiece a aplicar las claves para la motivación personal notará como gana control sobre usted mismo, aun en recursos que ya usaba, facilitándole que los utilice con mayor eficacia.

—**Puntuación entre 106 y 140.** Utiliza su capacidad de automotivación a menudo. En la medida en que su puntuación se haya acercado a 140, mayor será su habilidad para motivarse. Sin embargo, si no ha llegado a 140, es porque hay aspectos que puede mejorar. Su tendencia al autocontrol es muy alta, por lo que fácilmente puede aprender a explotarla y utilizarla para conseguir lo que quiere. Las claves para la motivación personal le ayudarán a dar forma a los recursos que ha ido desarrollando por usted mismo. Le ayudarán a pulirlos y a saber utilizarlos a voluntad y más eficazmente.

V. AYUDAS PARA LA AUTOMOTIVACIÓN

«El ser humano no se da cuenta de cuánto puede hacer, más que cuando realiza intentos, medita y desea».
Ugo Foscolo
Escritor y poeta

AYUDAS PARA LA AUTOMOTIVACIÓN

«El problema de los sueños es los límites que
nosotros mismos les ponemos, porque al final son
sueños. Si son sueños, ¿por qué no soñarlos del todo?»
Ricardo Montaner
Músico

Una vez que conocemos las claves para la motivación personal, y que sabemos que lo importante es llevarlas a la práctica para así conseguir que produzcan en nosotros una disposición mental automotivadora, vamos a explicar, brevemente, tres técnicas de ayuda, adaptadas para el propósito de trabajar la automotivación, que nos pueden ser de utilidad a la hora de manejar nuestra capacidad de motivación.

Las dos primeras están dirigidas a adquirir un mayor control sobre nuestros pensamientos. A pesar de que nos propongamos pensar de una forma más constructiva y de que la experiencia derivada de actuar contribuya a modificar nuestra disposición mental, lo cierto es que llevamos muchos años pensando de una forma más o menos lineal, por lo que es probable que ese tipo de pensamiento no desaparezca todo lo rápido que queremos, e incluso que coexista durante un tiempo con nuestro nuevo pensamiento constructivo.

La tercera técnica de ayuda está dirigida a enseñarle unos pasos comunes para poder intentar solucionar, de manera constructiva, cualquier tipo de problema con el que se encuentre.

1. UTILICE SU IMAGINACIÓN

«Las ilusiones tienen tanto valor para dirigir la
conducta como las verdades más exactas».
José Ingenieros
Psiquiatra y psicólogo

Esta es una técnica muy sencilla que usted ya conoce y utiliza habitualmente. Se trata solo de explicársela para que la use de un modo más consciente y en la medida adecuada.

Su objetivo es, antes que centrarse en el pensamiento lineal, hacerlo en el constructivo, potenciándolo. Si conseguimos que una manera de pensar más constructiva y creativa ocupe más de nuestro tiempo mental, provocaremos que tengamos menos tiempo para pensamientos negativos o lineales.

Esta técnica consiste, sencillamente, en imaginarnos consiguiendo lo que queremos. De la misma manera que a menudo nos dejamos llevar por pensamientos de fracaso, dudas, inseguridades o temores, que generan en nosotros estados de ánimo negativos y que afectan a nuestra motivación, ¿por qué no hacer lo mismo, pero al contrario? Es decir, dejarnos llevar por pensamientos y ensoñaciones en las que recreemos que las cosas salen como queremos, que superamos obstáculos y que aprendemos a aceptar pequeños fracasos o derrotas de una forma distinta, sin que nos causen sufrimiento personal y pérdida de motivación.

Utilizando la imaginación ensayaremos nuevas formas de conducta, de pensamiento, exploraremos soluciones creativas y nos generaremos bienestar, porque mientras nos imaginemos consiguiendo nuestros deseos, alinearemos quienes somos con quienes queremos ser. Nos inspiraremos, y como consecuencia, nos automotivaremos.

Pero a pesar de que sin duda usted ya usa la imaginación, porque todos nos dejamos llevar en ciertos momentos por ensoñaciones, hay algunas particularidades que debe conocer y que le permitirán utilizarla como técnica para manejar su automotivación, y que no se reduzca simplemente a soñar despierto.

Reglas para utilizar la imaginación

— **Duración.** La duración no debe ser excesivamente larga. Una duración adecuada debe ser de minutos. Sesiones personales de cinco, diez, veinte o treinta minutos de duración son las recomendables, según como sea cada persona. Más allá de esos tiempos, le harían perder, en cierta medida, perspectiva sobre la realidad.

— **Frecuencia.** Debemos recurrir a la imaginación también con una frecuencia limitada, ya que si no acabará siendo un refugio al que acudiremos siempre que la realidad no sea como queremos. No se debe usar más de una vez al día. Tampoco debe ser de uso diario, siete días a la semana. Utilizar sesiones de duración limitada dos, tres o cuatro veces por semana sería una buena dosificación.

— **Combinación.** Si quiere, puede combinarla con otra actividad que le resulte placentera, pero que no le reste atención. A la vez que tenemos ensoñaciones es muy frecuente escuchar música, andar o hacer algún deporte ligero y que no requiera atención.

— **Sea creativo.** No se ponga límites en los sueños, no deje que sea la realidad quien se imponga. Imagínese reaccionando a las situaciones como quiere, buscando y encontrando soluciones a los problemas, imaginando los pasos que le llevarán a lo que desea… No permita que su propia ensoñación le diga que no puede imaginar lo que quiere.

— **Trate de ser concreto.** Imagínese situaciones que quiere que ocurran, que le dirijan a conseguir lo que quiere. Piense en cómo le gustaría que ocurrieran. Imagínese algún problema y cómo le gustaría solucionarlo.

— **Saque conclusiones y llévelas a la práctica.** Trate de sacar enseñanzas y nuevas formas de actuar de sus ensoñaciones, y después trasládelas a la realidad poniéndolas en práctica.

Esta es, explicada de forma breve y adaptada a nuestro objetivo, la forma adecuada de utilizar la imaginación para generar automotivación. Úsela de forma limitada y como recurso personal para motivarse y mantener su motivación, por medio de imaginar qué quiere conseguir y la satisfacción que le producirá conseguirlo.

Debe ser un recurso que usted controle. No debe permitir que sea el recurso quien le controle a usted. No podemos estar soñando despiertos mucho tiempo y a todas horas. Si hacemos eso, nos costará demasiado enfrentar la realidad. Nos podemos llegar a sentir tan a gusto imaginando que las cosas son como queremos, que nuestras ensoñaciones se acaben convirtiendo en un refugio. De esa forma, nos generaremos una motivación basada en ilusiones, que no aguantará el traslado a la realidad y que provocará que nos desilusionemos y desmotivemos con facilidad.

La imaginación es una ayuda que nos permite generar pensamientos que nos motiven, y una vez conseguida la motivación, debemos pasar a la acción, para que sea la experiencia quien apuntale nuestra nueva forma de pensar.

2. CÓMO PREOCUPARSE MENOS

> «Si la gente nos oyera los pensamientos, pocos nos escaparíamos de estar encerrados».
> Jacinto Benavente
> Dramaturgo

A pesar de que nuestros deseos son el reflejo de lo que pensamos que nos hará felices, nadie puede evitar tener preocupaciones relacionadas con ellos. Adoptan la forma de dudas, inseguridades, argumentos que nos repetimos una y otra vez, conversaciones con nosotros mismos dominadas por la autocompasión o el miedo… es decir, pensamientos negativos que nos hacen dudar de si seremos capaces de conseguir lo que queremos.

Estos pensamientos negativos afectan a nuestra motivación, debilitándola y haciéndonos flaquear en nuestra determinación. Por culpa de los pensamientos negativos, la confianza que nos proporciona la motivación desaparece, y nuestra autoestima disminuye.

Las preocupaciones y pensamientos negativos crean sentimientos negativos que nos sumen en estados de ánimo también negativos, que no solo afectan a nuestra motivación, sino que disminuyen considerablemente nuestra capacidad para inspirarnos y para pensar seriamente qué deseamos conseguir.

Los pensamientos negativos hacen que renunciemos a intentar hacer realidad nuestros deseos pero sin que sea la realidad quien nos haga renunciar a ellos, sino nosotros mismos, al pensar de forma negativa. Por eso es importante aprender a controlarlos.

Controlar los pensamientos negativos no quiere decir que nos obliguemos a no tenerlos. Eso sería muy difícil. Se trata de dedicar un momento determinado a pensar en ellos. De esta manera, evitaremos estar constantemente preocupados y que ese tipo de pensamientos dominen gran parte de nuestro tiempo mental, debilitando nuestra motivación.

Reglas para preocuparse menos

— **Normalizar las preocupaciones.** Acepte que es normal tener pensamientos negativos. No se sienta culpable por tenerlos. Lo primero que debemos hacer siempre ante una situación que queremos controlar es normalizarla, es decir aceptar que es normal que sintamos o pensemos de una determinada manera. Así, alejaremos los sentimientos de culpa que siempre van asociados a situaciones que nos causan sufrimiento. Normalizando los pensamientos negativos, evitará el desgaste emocional que produce sentirse mal por pensar negativamente, y no generará en usted un estado de tensión constante, al contraatacar tratando de motivarse con pensamientos positivos alternativos. Argumentar pensamientos negativos con pensamientos positivos no sirve de mucho. La mejor forma de luchar contra los pensamientos negativos es con acciones.

— **No contraargumente consigo mismo**. Evite entrar en argumentaciones y debates internos sobre sus pensamientos negativos. No trate de rebatirlos.

— **Pospóngalos.** No se trata de obligarse a no pensar en ellos, se trata de posponerlos. Destine una hora concreta para pensar sobre sus preocupaciones (*«por la noche daré un paseo y pensaré sobre esto»*).

— **Dedíqueles un tiempo limitado.** Cuando llegue el momento de pensar sobre ellos, dedíqueles un tiempo limitado, con una hora de inicio y una hora de finalización.

— **Llegue a conclusiones.** No se limite a pensar y preocuparse. Analice por qué piensa así, y trate de llegar a conclusiones. Tome decisiones. Oriente su forma de pensar a buscar soluciones.

— **Actúe.** Planifique y ponga en marcha acciones para trasladar a la realidad las conclusiones a las que ha llegado. Ya sabemos que solamente pensar no sirve de mucho, debemos siempre actuar.

3. SOLUCIONANDO LOS PROBLEMAS

> «En el momento en que una persona es orientada a enfrentarse a los hechos antes que a las ilusiones, los problemas tienden a desaparecer. Al final, caen en su auténtica perspectiva y se vuelven resolubles».
> Isaac Asimov
> Escritor y químico

Todos los problemas tienen unas características comunes, por lo que es posible establecer una serie de pasos o etapas a la hora de buscar soluciones que serán también comunes a todos los problemas, sean del tipo que sean, y que por lo tanto nos ayudarán a resolver cualquier tipo de problema al que nos enfrentemos.

Saber solucionar problemas es importante para la automotivación porque nos ayuda a enfrentar y superar los obstáculos que se nos presentan. Superarlos, y tomar conciencia de que disponemos de recursos personales para enfrentarlos con garantías de éxito, nos motivará y ayudará a que no nos desmotivemos cuando aparezcan las dificultades. Nos dará mayor confianza en nuestros recursos, capacidades y posibilidades.

Para buscar la solución a cualquier problema deberemos aplicar seis sencillos pasos:

a) Reconocimiento del problema.
b) Definición del problema.
c) Pensar posibles soluciones.
d) Tomar una decisión.
e) Puesta en práctica.
f) Verificar la eficacia.

a) Reconocimiento del problema

Este es el primer paso en el estilo de solución de problemas que le propongo adoptar. Para solucionar un problema, lo primero es saber reconocerlo y darle la dimensión adecuada.

Puede que esto le parezca muy sencillo, pero en realidad no lo es tanto. Aunque crea que sabe reconocer los problemas, muy probablemente eso se debe a que está pensando en situaciones en las que el problema era evidente y lo vio con facilidad, pero si se esfuerza en recordar un poco, ¿no se le ocurren situaciones que parecieron empezar bien y que al final se acabaron convirtiendo en problemas? Tal vez en alguna de ellas incluso recuerde que alguien le avisó, pero usted no fue capaz de ver ninguna amenaza en esa situación hasta que ya se había complicado bastante.

Saber ver un problema no supone solo reconocerlo cuando aparece o antes de que una situación se empiece a complicar y nos cause dificultades y sufrimiento, sino que supone también saber darle la auténtica medida que tiene.

Los problemas, como todo, pueden tener diferentes grados. No todos los problemas nos causan el mismo sufrimiento o las mismas preocupaciones, y hay muchos que son fácilmente superables, ya que constituyen las normales complicaciones derivadas de las muchas y complejas situaciones con las que todos nos enfrentamos en la vida.

Así pues, la primera fase para solucionar un problema es reconocerlo. Sin embargo, debemos tener cuidado a la hora de sensibilizar nuestra percepción a los problemas, para no volvernos demasiado susceptibles y acabar calificando como problema cualquier situación que no veamos con claridad. Si hacemos esto, corremos el riesgo de calificar como problemáticas situaciones que no lo son, o que son más oportunidades que problemas.

Lo más aconsejable para evitar esta susceptibilidad extrema es marcar unos criterios que sean los que definan cuando una situación constituye un problema para nosotros. De esta manera, una vez que se cumplan algunos o todos estos criterios, reconoceremos con más claridad que estamos ante una situación que es un problema para nosotros.

Criterios para reconocer un problema.

CRITERIO	SI	NO
1. La situación me hace sufrir emocionalmente.		
2. La situación me aparta de mi objetivo.		
3. La situación me causa preocupaciones.		
4. La situación me impide vivir como quiero.		
5. Si no existiera esa situación sería más feliz.		

En la medida en que una situación cumpla estos criterios estaremos ante un problema más o menos grave. La gravedad irá en función de cuantos de esos criterios cumpla la situación.

En el momento en que somos conscientes de que estamos ante un problema, en lugar de dejarnos llevar, debemos apartarnos un tiempo de la situación, al menos mentalmente, para tomar cierta distancia y evitar que nos impliquemos emocionalmente en exceso. Debemos pararnos un tiempo y pensar, para así poder analizar. Eso es lo que nos permitirá poner en marcha los siguientes pasos de la solución de problemas.

b) Definición del problema

Una vez que hemos reconocido un problema, el segundo paso para solucionarlo es definirlo. Si lo definimos bien, podremos ver con mayor claridad qué parte de la situación es la más problemática y qué soluciones podremos intentar.

Para definir un problema debemos intentar ser lo más concretos posible. Tenemos que huir de generalidades (*«toda la situación es un problema»*) y dividir la situación en partes. Para lograr esto, lo más adecuado es respondernos a algunas preguntas.

Pero antes de plantearse estas preguntas, tenga clara una cosa: piense solo en los hechos. Separe los hechos de lo que usted piensa o se imagina. Los hechos son datos objetivos y definen la situación. Sus pensamientos son subjetivos y tienen una gran carga emocional, por lo que distorsionan la situación real y le impiden ver el problema con claridad.

Algunas de las preguntas que le ayudarán a definir un problema son:

— ¿Qué personas, hechos o elementos hay involucrados en el problema?
— ¿Qué es exactamente lo que me hace sufrir y/o me preocupa?
— ¿Cómo me afecta y qué me impide hacer y sentir realmente?

Este tipo de preguntas, y otras similares que se le puedan ocurrir, le permitirán analizar el problema, con lo que lo comprenderá mejor. Una vez comprendido, es cuando podrá empezar a pensar en posibles soluciones para resolverlo.

c) Pensar posibles soluciones

A la hora de pensar en posibles soluciones para resolver un problema es cuando debemos tratar de utilizar el pensamiento constructivo del que hablamos en el capítulo *Otra forma de pensar.*

Cuando se plantee en su mente posibles soluciones a un problema, debe tener en cuenta que está pensando soluciones, no llevándolas a la práctica, así que no se autolimite ni las descarte con objeciones subjetivas. Más adelante tomará una decisión sobre cuál de entre las que se le han ocurrido es la solución que aplicará, pero en esta fase solo debe limitarse a pensar en tantas soluciones como pueda.

Consejos para pensar en posibles soluciones

— Destine un momento del día a pensar en las posibles soluciones al problema.
— Piense en soluciones que vayan desde las más evidentes y simples a las más creativas.
— Deje que su mente piense libremente, sin restricciones.
— Imagínese llevando a la práctica cada una de las posibles soluciones y trate de prever cuáles serían sus consecuencias.
— Genere tantas soluciones como pueda o quiera.
— Sea creativo.
— Anótelas, brevemente resumidas. Esto le servirá de ayuda en la siguiente fase, la toma de decisiones.

d) Tomar una decisión

Una vez que hemos pensado en diferentes soluciones a un problema, el siguiente paso consistirá en escoger una.

— Revise y valore todas las posibles soluciones que haya anotado, y de entre ellas escoja la que crea que le ayudará a solucionar el problema de la manera que quiere.

Tenga en cuenta:

— Dese un plazo para decidir entre las soluciones. Si cumplido el plazo no ha tomado la decisión, oblíguese a escoger una de ellas.
— No trate de tomar una decisión perfecta. Se trata de escoger la solución que mejor considere, llevarla a la práctica y ver si funciona. Si no le sirve para resolver el problema, lo intentará con otra, así que no se deje llevar por la indecisión. Escoger una de las posibles soluciones no es algo definitivo ni irreversible. Si no funciona, tendrá otras oportunidades.

— Escoja la que crea mejor, pero mantenga algunas otras como alternativas. De entre todas las soluciones posibles, ordene las que considere más convenientes por prioridad: solución uno, solución dos, etc. Así le será más fácil decidir cuál escoge, y tendrá ya reservadas algunas soluciones alternativas por si debe probar con otras.

— Para escoger entre las diferentes soluciones, piense en los beneficios y desventajas de cada una de ellas, y en cuál le será más fácil llevar a la práctica. Una vez más, tenga en cuenta que no se trata de escoger la solución perfecta. Acepte que todas tendrán ventajas e inconvenientes.

e) Puesta en práctica

Una vez escogida la solución, debe llevarla a la práctica.

— Céntrese en llevarla a la práctica tal y como la pensó. No piense en el resultado. Eso lo hará en la siguiente fase. Sencillamente aténgase a lo planeado, realice cada paso de los que se componga la solución escogida y no anticipe el resultado final hasta que la haya puesto en práctica.

— Al llevar a la práctica la solución, verá que las circunstancias producen consecuencias distintas a las que imaginó. Es decir, que hay diferencias entre su plan y la realidad. No se preocupe, siempre las hay. Trate de adaptarse y continúe adelante con su solución.

— Para llevar a la práctica la solución elegida, utilice las claves para la motivación personal: *no tenga miedo, esfuércese, comprométase,* etc.

f) Verificar la eficacia

Después de haber llevado a la práctica la solución, es cuando podrá valorarla. Cuando haya terminado su intento de solucionar un problema, evalúe su eficacia preguntándose si le ha servido para solucionar el problema, y si, una vez aplicada la solución, la situación sigue siendo un problema para usted.

— Utilice los criterios de la fase uno, *reconocimiento del problema*, para realizar esta valoración. Si la situación ha dejado de ser un problema, continúe persiguiendo el objetivo que desea. Su motivación se habrá visto reforzada.

— Si la situación continúa siendo un problema, revise en qué ha fallado la solución que intentó y si ha definido bien el problema. Una vez hecho esto, vuelva a la fase *pensar posibles soluciones* si cree necesario generar alguna solución nueva. Después pase a la fase *toma de decisiones* y escoja la siguiente solución según el orden de prioridad que estableció, o una nueva en caso de que haya redefinido el problema con otras variables que antes no tuvo en cuenta.

EL EJEMPLO DE LAS PERSONAS MOTIVADAS

> «El ejemplo es una lección que todas las personas pueden leer».
> Morris West
> Escritor

En este libro hemos visto las claves para la motivación personal que he extraído de la observación y el estudio del trabajo y la vida de personas que han conseguido lo que se proponían, fijándome para ello en el *cómo* más que en el *qué*.

Las historias de triunfo personal y profesional de muchas personas, conocidas y anónimas, son un claro ejemplo de que, si prestamos la debida atención, podemos extraer muchas y muy valiosas lecciones de lo que los demás hacen y de cómo lo hacen cuando quieren conseguir algo.

Podemos encontrarnos con personas que han logrado lo que deseaban en cualquier ámbito de la vida. Puede que tengamos más o menos interés en sus historias, en sus profesiones o incluso en ellas mismas, pero la realidad es que a menudo constituyen el mejor ejemplo de qué puede llegar a lograr una persona si se lo propone, y de cómo conseguirlo gracias a saber utilizar adecuadamente la capacidad de automotivación que todos tenemos.

Que a otras personas no les interesen los logros que ellas han alcanzado no es más que el ejemplo perfecto de cómo estas personas han sabido centrarse en sí mismas y en lo que deseaban conseguir, y cómo no han permitido que la indiferencia o la falta de interés de los demás les desmotivara, provocando que desistieran en su intento de lograr hacer realidad sus deseos.

Demasiadas veces ignoramos el esfuerzo y la motivación que una persona ha sido capaz de poner en juego solo porque el resultado de su esfuerzo no llama nuestra atención o no resulta de nuestro interés. Han conseguido algo, sí, pero algo que no nos interesa. Pensando y actuando así, dejamos de prestar atención también a los elementos comunes a todos nosotros que hay ocultos en sus logros: las claves para la motivación personal.

Si somos capaces de interesarnos no ya por lo que alguien consigue, sino por cómo lo ha conseguido, extraeremos enseñanzas que nos serán de mucha utilidad para conseguir nuestros propios deseos, y nos servirán de gran ayuda para incorporar a nuestro repertorio personal nuevos recursos y actitudes que, con toda seguridad, nos resultarán de incalculable valor y utilidad para tratar de alcanzar nuestros objetivos personales.

Para ser capaces de extraer lecciones del ejemplo que nos brinda cualquier persona que haya sido capaz de conseguir lo que deseaba, debemos hacernos algunas preguntas del tipo:

— ¿Cuáles son los obstáculos que enfrentó?
— ¿Cómo los superó?
— ¿Cuál fue su reacción a los fracasos?
— ¿Qué se decía para continuar intentándolo?
— ¿Qué decisiones tomó?
— ¿Qué consejos da?
— ¿Qué conclusiones saca de su experiencia?
— ¿Qué forma de pensar le permitió generar y mantener su motivación?
— ¿Por qué lo intentó?
— ¿Qué circunstancias buscó?

Las respuestas a estas y otras preguntas similares, nos dirán cuáles fueron las claves que esa persona utilizó para automotivarse, y así podremos utilizar esas claves para generar nuestra propia motivación.

Este libro le ha enseñado las claves para automotivarse, pero no por eso debe dejar de seguir aprendiendo. Con este capítulo quiero llamar su atención para que se esfuerce en mirar de otra forma las historias de éxito de las personas que han sido capaces de conseguir lo que querían, o que al menos han sido o son capaces de intentarlo. Quien preste atención a estos ejemplos de automotivación descubrirá en ellos actitudes, formas de pensar y comportamientos que se repiten. Descubrirá patrones de pensamiento y de conducta que podrá incorporar, personalizándolos, a su propia forma de pensar y actuar.

Nunca debemos subestimar lo que podemos aprender de los demás solo porque los objetivos que alguien persiga sean diferentes de los nuestros. Lo que cuenta de verdad no es lo que alguien quiere, sino lo que hace para conseguirlo. La disposición mental, la forma de pensar necesaria para estar motivados y lograr lo que se quiere, es la misma para todos, sea cual sea el objetivo que se pretenda alcanzar.

VI. NOTAS FINALES

«Vivir sus deseos, agotarlos en la vida, es el destino
de toda existencia».
Henry Miller
Escritor

EL PODER DE LAS CIRCUNSTANCIAS

«Tus circunstancias pueden no ser de tu agrado, pero
no han de seguir siendo las mismas si concibes un ideal
y luchas por alcanzarlo».
James Allen
Escritor

Sin duda las circunstancias son importantes a la hora de conseguir lo que queremos. Unas circunstancias personales o sociales favorables pueden aumentar, y mucho, las probabilidades de éxito de cualquier intento.

Así, una persona que quiera ser actor o actriz, tendrá más probabilidades de conseguirlo si vive o se traslada a un país con una potente industria cinematográfica. En el caso de una persona cuyo deseo sea vestir con elegancia, será más fácil si posee más recursos económicos que otras personas que deseen lo mismo. Y para alguien que quiera superar una situación personal difícil será más sencillo si cuenta a su lado con familia y buenos amigos.

Es evidente que las circunstancias pueden jugar un papel determinante en que consigamos lo que deseamos. Este es un hecho que, si pretendemos ser realistas, debemos aceptar. Pero de la misma forma, y si seguimos pretendiendo ser realistas, debemos aceptar que las circunstancias, si bien pueden ser importantes a la hora de conseguir lo que deseamos, no pueden jugar ningún papel en que intentemos conseguirlo.

Más allá de que lo logren o no, innumerables personas intentan cada día, o lo han intentado en el tiempo que les tocó vivir, conseguir lo que quieren aun enfrentando las circunstancias más adversas que podamos imaginar. Sin necesidad de buscar ejemplos extremos, y remitiéndome solo a los tres ejemplos descritos al principio del capítulo, nada puede impedir a nadie, sean cuales sean sus circunstancias, intentar ser actor o actriz, vestir con la mayor elegancia que le permitan sus recursos económicos o esforzarse por superar una situación personal difícil aunque lo tenga que hacer sin apoyo de otras personas.

Las circunstancias pueden contribuir a que tengamos más recursos o más opciones, pero intentar algo, sean cuales sean las circunstancias que nos rodean, es algo que nada ni nadie nos puede quitar. Las circunstancias nos pueden limitar, e incluso determinar en gran parte nuestras probabilidades de éxito, pero nada impide a un actor actuar delante de un espejo, a una persona que quiera ser elegante peinarse lo mejor que pueda o ponerse la mejor ropa de la que disponga, o a alguien que está solo y que quiere superar una dificultad sonreír en mitad de la noche y no permitirse ceder ante el desánimo.

La verdadera motivación, la disposición mental que nos empuja a actuar para conseguir lo que deseamos es una expresión de quienes somos y quienes queremos ser, por lo que nunca puede depender de las circunstancias. El poder de las circunstancias puede influir sobre el éxito, pero nunca puede influir sobre la elección de intentar algo por parte de quien se siente motivado y decide intentarlo por lo menos en la medida de sus posibilidades.

Cualquier intento, por pocas probabilidades de éxito que parezca tener a priori, si se mantiene en el tiempo se puede acabar convirtiendo en posibilidad primero, en probabilidad después y en realidad finalmente. No resulta difícil imaginar a algún actor hoy famoso ensayando gestos delante de un espejo cuando era solo un niño, a una modelo o un diseñador ahora reconocidos alisándose con esmero una falda o un pantalón cuando ni ellos mismos sabían a qué dedicarían su vida, o a una persona que ha logrado superar una gran dificultad vital cuando, estando en medio de esa situación difícil, toma la decisión consciente de enfrentarla día tras día con todos los recursos que tenga. La motivación, el impulso, estaba ya ahí, y se expresaba por medio del comportamiento mucho antes de que se dieran circunstancias favorables o llegara el éxito.

Si mantenemos nuestra motivación, nuestros intentos nos pueden llevar a conseguir lo que queremos aun cuando unas poderosas circunstancias parezcan indicar lo contrario, porque hay una cualidad que la automotivación tiene y de la que las circunstancias carecen: la estabilidad.

Si bien las circunstancias pueden ser muy poderosas y adversas, a la vez son, inevitablemente, muy cambiantes, y lo que hoy son circunstancias adversas mañana pueden ser solo un mal recuerdo. Y eso, cambiante, es precisamente algo que la motivación de una persona con un buen manejo de su capacidad de automotivación no será nunca, porque sabrá mantener estable en el tiempo su determinación y seguir perseverando en sus intentos. Y así, tal vez las siempre cambiantes circunstancias se acaben volviendo en su favor, cediendo irremisiblemente ante la tozuda e implacable perseverancia que una adecuada automotivación proporciona.

MADURAR

«Madurez es paciencia. Es la voluntad de posponer el placer inmediato en favor de un beneficio a largo plazo.
Madurez es perseverancia, es la habilidad de sacar adelante un proyecto o una situación a pesar de una fuerte oposición y retrocesos decepcionantes.
Madurez es la capacidad de encarar disgustos y frustraciones, incomodidades y derrotas, sin queja ni abatimiento (…).
Madurez es la capacidad de tomar una decisión y sostenerla (…).
Madurez significa confiabilidad, mantener la propia palabra, superar la crisis».
Ann Landers
Consejera y columnista de prensa

Saber manejar la propia capacidad de automotivación es conocerse y «utilizarse» mejor. Conocerse y saber usar los propios recursos personales es desarrollarse más como persona. Y desarrollarse como persona es madurar.

Saber automotivarnos y mantener a raya la desmotivación nos proporciona equilibrio, lo que nos permite tener una mayor calidad de vida, y nos facilita poder tomar las mejores decisiones acerca de qué hacer con el tiempo de nuestra vida.

Enfrentarse de forma real a los deseos propios y esforzarse por conseguir lo que uno quiere, nos pone ante un espejo que nos devuelve la imagen de quienes somos y nos dice de qué somos capaces realmente, apartándonos de ilusiones y concepciones irreales sobre nosotros mismos y nuestro lugar en el mundo.

Aceptar que debemos esforzarnos para conseguir lo que queremos, aceptar que podemos fracasar y aceptar que podemos influir en el mundo, nos hace mejores y nos da una nueva perspectiva, de nosotros mismos, de los demás y de la realidad.

Saber motivarnos adecuadamente nos ayuda a interpretar el mundo, por lo que nos aleja de las disputas, las imposiciones y las peleas estériles.

Entender y usar nuestra capacidad de automotivación nos ayuda a no exigir que las cosas sean como queremos, lo que nos hace más pacientes, y nos facilita adaptarnos a las situaciones.

Automotivarnos nos hace seguir en momentos y situaciones ante los que antes nos habríamos retirado.

Sabiendo generar y mantener la motivación, evitamos refugiarnos en la autocompasión ante las frustraciones y las situaciones que no se desarrollan como deseamos.

Motivándonos actuamos más y pensamos menos y mejor, lo que hace que seamos capaces de influir en nuestro entorno con más efectividad.

Generando automotivación nos comprometemos con nosotros mismos, y aprendemos a no engañarnos. Aprendemos a hablar con nosotros con honestidad, en lugar de tratarnos como a un extraño al que queremos engañar para que no nos diga que nos estamos equivocando y que hemos escogido el camino erróneo.

Conociendo los mecanismos de la motivación, aprendemos más y desarrollamos más nuestra humanidad. Y este conocimiento hace que generemos en nosotros una verdadera motivación, realmente humana, alejada de inspiraciones bellas pero momentáneas, sólida, real y duradera, que resistirá las influencias del ambiente y los obstáculos y dificultades a los que tengamos que enfrentarla.

Entender y saber manejar nuestra capacidad de automotivación nos ayuda a madurar.

LA AUTOMOTIVACIÓN BASADA EN LO QUE SE DESEA

> «Los sueños son sumamente importantes. Nada se hace sin que antes se imagine».
> George Lucas
> Director de cine

En el capítulo *¿Qué es lo que deseo?* le dije que en esta última parte del libro explicaría por qué las claves para la motivación personal se basan en motivarse para conseguir lo que se desea.

Este libro trata de la automotivación, pero a la vez, en otros niveles, el libro trata también, como cualquier obra humana, de otras cosas. En concreto trata de empujar a quienes lo lean a que traten de ser quienes realmente quieren ser, a que intenten desarrollarse más como seres humanos y dar más salida a su personalidad.

Las claves para la motivación personal, si se saben utilizar, pueden usarse para hacer eficazmente tareas o deberes que no se quieren hacer, pero siempre nos será más fácil autogenerar motivación si las usamos para intentar alcanzar metas y objetivos que de verdad queremos conseguir.

Usar la automotivación para hacer algo que no queremos nos ayudará a disciplinarnos, pero no necesariamente a desarrollarnos. La disciplina mantiene a raya a quienes somos y nos unifica en torno a unas normas o criterios. El desarrollo personal permite que saquemos a la luz lo que llevamos dentro. El desarrollo nos ayuda a que seamos quienes realmente somos.

Desarrollarnos es tratar de ser quienes solo nosotros sabemos que podemos ser. Por eso, el libro también trata de algo que he evitado nombrar, salvo en algunas citas de las que encabezan los capítulos. Siempre he hablado de *«conseguir lo que se desea»*, *«lograr las metas»*, *«los objetivos marcados»*, o *«alcanzar lo que se quiere»*. Pero todas esas expresiones y construcciones gramaticales se pueden resumir en una sola, más exacta, más básica y más clara. La automotivación es necesaria para lograr hacer nuestros sueños realidad.

Todos los seres humanos sueñan, se imaginan, aspiran… Es algo intrínseco a lo que supone ser humano. Todo lo que nos rodea cotidianamente es el sueño de alguna persona hecho realidad, desde la ropa que usamos, la relación de la pareja con la que nos cruzamos en las escaleras, cualquier coche que vemos por la calle, un libro que leemos, una película que vemos en el cine, una tienda en la que compramos un regalo, una canción que escuchamos por la radio o un restaurante en donde cenamos.

Normalmente cuando se habla de sueños nos referimos principalmente a los que tenemos mientras dormimos. No siempre les prestamos tanta atención a los que imaginamos mientras estamos despiertos, y que tienen una gran fuerza motivadora, porque constantemente, y de forma obstinadamente silenciosa, nos empujan en una dirección e influyen en nuestros pensamientos, deseos y conductas.

Los sueños surgen en nuestro interior, en nuestra mente. Mientras están allí, son solo ilusiones, ideales utópicos que no aguantarían su traslado automático e inmediato a la realidad, tal es la diferencia que puede haber entre realidad y sueño. La distancia entre ambos es a veces tan grande que confesárselos a alguien nos puede hacer sentir ridículos. Los sueños son tan frágiles que una opinión en contra, un gesto malinterpretado en alguien o una palabra desafortunada por parte de quien nos escucha, pueden provocar que lo que antes nos parecía algo alcanzable pase a parecernos solo una ilusión infantil de la que nos sintamos casi avergonzados.

La automotivación constituye el recurso personal perfecto que nos permite ir sacando pieza a pieza ese sueño al mundo real, e ir construyéndolo sin que los juicios de los demás nos afecten y nos influyan negativamente. Mientras lo vamos haciendo, casi nadie que repare en nosotros será plenamente consciente de que estamos construyendo un sueño. Los demás solo verán que queremos lograr algo, sea un trabajo, reconocimiento profesional, superar una situación, alcanzar una meta…. pero nosotros sabemos que lo estamos haciendo porque antes lo hemos imaginado, lo hemos soñado, y cuando lo soñábamos, nos hizo sentir bien, porque en él nos veíamos como querríamos ser y eso nos inspiró a superarnos.

Sea lo que sea lo que soñemos, como todos los sueños solo existirá mientras sigamos creyendo en él. Por eso es tan importante la automotivación, porque nos permite seguir transportando desde el interior de nuestras mentes hasta la realidad cada una de las pequeñas piezas de las que están hechos nuestros sueños. Y nos permite hacerlo sin que pensemos que estamos equivocándonos o persiguiendo una quimera, y permitiéndonos ignorar los quejidos, que en forma de obstáculos, nos pone la implacable y siempre lineal realidad.

La automotivación nos permite intentar hacer reales nuestros sueños, y nos hace sentir que es lo mejor que hemos hecho nunca. Soñando, automotivándonos y actuando, modificamos la realidad y la mejoramos, porque nadie sueña cosas negativas. Es la realidad quien, al frustrar los sueños, hace que las personas reaccionen con actitudes y comportamientos negativos, y a veces hasta destructivos.

La automotivación no garantiza que consigamos lo que soñamos, pero garantiza que seamos capaces de intentar conseguirlo en las mejores condiciones personales posibles. Aun en el caso de que finalmente no podamos conseguir lo que deseábamos, habremos logrado desarrollarnos y conocernos más, dando salida a quienes somos, a lo que queremos, a nuestros recursos y a nuestras capacidades. Le habremos dicho al mundo quiénes somos y qué queremos. No habremos permitido que la realidad nos diga cómo tenemos que pensar, cómo tenemos que sentir o cómo tenemos que vivir. Nadie que haya sido capaz de pasar por esos niveles de desarrollo personal se sentirá nunca fracasado. Eso sí es algo que se puede garantizar.

Esta es la razón por la que las claves para la motivación personal expuestas en este libro se basan en saber exactamente qué es lo que se desea conseguir. No se me ocurría ninguna forma mejor para ayudar a cada persona que lea el libro, y al propio autor que lo escribe, a mejorarse y convencerla de que intentar hacer realidad nuestros sueños es la mejor manera en que cualquiera de nosotros puede emplear su tiempo.

Nada como intentar hacer realidad lo que hemos soñado nos hace tan conscientes de quiénes somos realmente y de qué somos capaces. Nada nos permite autorrealizarnos más. Nada nos da una mejor perspectiva de nuestro verdadero lugar en el mundo. Nada nos acerca tanto a la felicidad.

VII. CONCLUSIÓN

«¡Cómo pinta el deseo los colores del arco iris en las
nieblas de la vida!»
Rabindranath Tagore
Poeta, filósofo y escritor

El mundo no está hecho por personas mejores que usted o que yo. La diferencia entre quienes consiguen lo que se proponen y son capaces de moldear la realidad según sus deseos y el resto de las personas, suele ser que los primeros estaban lo suficientemente motivados como para comprometerse con sus deseos y llegar más lejos que los segundos a la hora de intentar realizarlos. Nadie, salvo nosotros mismos, nos impide intentar conseguir lo que queremos. Puede que otras personas o las circunstancias nos impidan conseguirlo, pero nada, ni nadie, nos puede impedir intentarlo. No siempre podremos intentarlo de la manera que queremos, pero siempre podremos intentarlo de alguna manera.

Estar motivado no asegura conseguir lo que se quiere. Podemos estar adecuadamente motivados y hacer lo necesario para transformar nuestros deseos en realidades, y que no lo consigamos. Por esta razón es tan difícil generar y mantener la motivación. Por eso, una adecuada motivación no se debe basar en el estado de ánimo, porque hay muchas probabilidades de que las circunstancias externas nos provoquen estados de ánimo negativos que nos acaben desmotivando.

La verdadera motivación, la que dura, la que nos hace superar dificultades y exigirnos más a nosotros mismos, es la que llega tras hacernos una pregunta y asumir su respuesta. Esa pregunta es: *¿estás dispuesto a probar cuáles son tus verdaderas opciones de conseguir lo que deseas?* Si la respuesta es sí, eso implica estar dispuesto a movilizarse aunque nuestras opciones de conseguir algo no parezcan, a priori, muchas. Automotivarse implica asumir que la estadística, lo probable, no tiene relación directa con lo posible. Que algo sea poco probable, no significa que no podamos hacer que ocurra. Constantemente estamos rodeados de cosas y situaciones que, si lo pensamos un momento, eran poco probables antes de que ocurrieran. Verdaderamente parecerían imposibles para cualquiera que hubiera hecho un juicio basado solo en un cálculo matemático de probabilidades.

Si estamos dispuestos a saber cuáles son nuestras posibilidades, sin dejar que las probabilidades nos influyan demasiado, estaremos dispuestos a saber hasta dónde podemos llegar, y a saber qué es lo que de verdad puede crear la combinación de nuestros deseos, convertidos en acciones, y el mundo.

Cuando una persona es capaz de automotivarse para conseguir lo que desea, y termina por conseguirlo, se convierte en una fuente de inspiración para todos los demás. Mientras se esforzaba por conseguirlo es probable que la mayoría de la gente no reconociera su determinación y valor, pero una vez conseguido, mucha de esa misma gente la mirará como si hubiera sido capaz de superar obstáculos que a ellos les parecían insalvables.

Sabiendo generar nuestra propia automotivación no dependeremos de forma pasiva de la motivación que otros nos puedan proporcionar. Automotivándonos no dejaremos que otros decidan por nosotros qué es lo que debemos desear y cómo conseguirlo.

No deje que los demás o la realidad le digan que no debe desear lo que usted sabe que desea. No importan las razones que le den. Ni siquiera importa si intentar conseguir lo que realmente quiere conlleva que tenga que soportar incomodidades, sacrificios o privaciones. Ellas son parte de la vida y de las situaciones, y muy poco valdrían nuestros deseos si solo nos trajeran comodidad, satisfacciones o dinero. En ese caso, nada los haría nuestros, porque todos los compartirían.

La verdadera motivación llega, al fin y al cabo, cuando asumimos que no hay mejor manera de utilizar el tiempo de nuestra vida que intentar ser quienes realmente queremos ser. Si lo intentamos, el propio camino que tengamos que recorrer para conseguirlo ya será un éxito, porque estaremos viviendo de acuerdo a nuestros deseos, y un solo minuto vivido de esa forma vale más que mucho tiempo viviendo de acuerdo a los deseos de los demás. Una vez asumido esto, solo tenemos que poner en práctica las claves para automotivarnos y empezaremos a andar, acercándonos con cada paso a hacer realidad nuestros deseos. A conseguir, en definitiva, ser quienes realmente pensamos que podemos ser. Y esa, como ahora usted ya sabe, es la base de la mejor automotivación posible.

VIII. NOTA DEL AUTOR

«El fin de la ciencia especulativa es la verdad, y el fin
de la ciencia práctica es la acción».
Aristóteles
Filósofo

Me hubiera gustado disponer de más medios y recursos materiales a la hora de recopilar el material para este libro. Sin embargo, y como las propias claves para la motivación personal indican, hay que tomar decisiones y actuar, y hacer, sencillamente, las cosas, sin pretender siempre lograr la perfección. El resultado del libro se ajusta a lo que deseaba escribir, así que puedo decir que he logrado mi deseo. Para algunos será mejorable, y estoy de acuerdo. Para otros será suficiente, y eso me satisfará. Pero espero que, independientemente del juicio que cada uno haga sobre la obra, para todos al menos haya servido para indicar una dirección. Creo que muchas veces el que alguien nos señale una dirección para ir a un lugar es más interesante a que nos diga exactamente el camino para llegar. De esa forma, tendremos que ser nosotros los que, en base a esa orientación, encontremos, usando nuestros propios recursos y capacidades, el camino. Por eso, a menudo, una dirección es mucho más motivadora que un camino.

IX. RESUMEN DE LAS CLAVES PARA LA MOTIVACIÓN PERSONAL

«El éxito no se logra solo con cualidades especiales. Es sobre todo un trabajo de constancia, de método y de organización».
Jean Pierre Sergent
Pintor

CLAVES BÁSICAS PARA LA MOTIVACIÓN PERSONAL

1.- TÓMESE EN SERIO LO QUE DESEA.
2.- PLANIFIQUE.
3.- TRANSFORME LAS IDEAS Y PENSAMIENTOS EN ACCIONES.
4.- NO PERMITA QUE EL MIEDO LE IMPIDA ACTUAR.
5.- COMPROMÉTASE CON LO QUE DESEA.
6.- CÉNTRESE EN USTED.
7.- HAGA LAS COSAS A SU MANERA.
8.- CONFÍE EN SUS POSIBILIDADES.
9.- ESFUÉRCESE.
10.- NO DEPENDA DE SUS ESTADOS DE ÁNIMO.
11.- ACEPTE LOS GOLPES.
12.- TENGA PACIENCIA.
13.- NO SE EXIJA ESTAR SIEMPRE ALTAMENTE MOTIVADO.
14.- USE LAS CIRCUNSTANCIAS.

CLAVES COMPLEMENTARIAS PARA LA MOTIVACIÓN PERSONAL

1.- Reaccione creativamente ante las dificultades.
2.- Acepte que se encontrará con obstáculos, barreras, fracasos y momentos difíciles.
3.- Acepte que cometerá errores y no se torture con ellos.
4.- Aprenda a vivir con la incomodidad.
5.- Acepte que se encontrará con circunstancias favorables.
6.- Acepte que puede no conseguirlo.
7.- No siga las normas.
8.- No busque hacer las cosas perfectas, simplemente hágalas.
9.- Acepte que los estados físicos, anímicos o mentales provocados por el esfuerzo y las dificultades son temporales.
10.- Acepte que está solo/a en lo que quiere conseguir.
11.- Trate de disfrutar.
12.- Céntrese en el presente.
13.- Aprenda de cada paso que dé.
14.- Tómese su tiempo para hacer las cosas.
15.- Ante las dificultades céntrese más en las soluciones que en los inconvenientes.
16.- Elija siempre hacer algo antes que no hacer nada.
17.- Canalice su energía.
18.- No se obsesione.
19.- Acostúmbrese a explorar.

X. FUENTES DOCUMENTALES

«Cuando bebas agua, recuerda la fuente».
Proverbio chino

A pesar del proverbio que encabeza este apartado, creo honesto reconocer que es imposible recordar todas las influencias que una persona recibe y que le llevan a extraer enseñanzas y conclusiones sobre un tema. Normalmente los temas llevan un tiempo de maduración, y esa maduración se va produciendo gracias al desarrollo intelectual e interpretación que uno va a haciendo de diferentes situaciones, internas y externas, con las que se va encontrando en la vida.

El criterio que he utilizado a la hora de hacer las citas sobre las fuentes documentales ha sido indicar aquellas que, en tiempos más próximos al momento de decidir escribir el libro, me han servido para encender la chispa de inspiración que hemos dicho que, en ocasiones, es necesaria para averiguar qué es lo que nos motiva. Algunas de estas fuentes son representativas de otras cuya influencia se ha perdido en el tiempo.

Pero como el lector ya sabe bien a estas alturas, la inspiración, aunque intensa, es poco duradera, así que después ha sido el propio uso y experimentación de las claves para la motivación personal lo que me ha permitido confirmar que esa inspiración se correspondía con un deseo en mi interior, para así poder desarrollarlo y mantener en el tiempo la motivación que necesitaba para escribir este libro.

Es posible que a algún lector le pueda sorprender alguna de las fuentes citadas a continuación. Como señalé al principio del libro, he buscado la información y la inspiración necesaria para hallar las claves para la motivación personal en el ejemplo que muchas personas de distintos ámbitos nos trasladan con su vida y su trabajo. Lo variado de las fuentes es uno de los mejores ejemplos que se pueden poner para mostrar que la capacidad de automotivación es común a todos los seres humanos y que está presente en todos los ámbitos de la actividad humana.

1. LIBROS

«Los libros son amigos que nunca decepcionan».
Thomas Carlyle
Filósofo

Corominas, J. (1976*). Diccionario crítico etimológico de la lengua castellana.* Madrid: Gredos.

Csikszentmihalyi, M. (2009). *Aprender a fluir.* Barcelona: Kairós.

Ellis, A. y Giegger, R. (2003). *Manual de Terapia Racional-Emotiva.* Bilbao: Desclée de Brouwer.

Escaño, J. y De la Serna, M. G. (2008). *Cinco hilos para tirar de la motivación y el esfuerzo.* Barcelona: Horsori Editorial.

Feist, J. y Feist, G. J. (2007). *Teorías de la personalidad.* Madrid: McGraw-Hill.

Fernández-Abascal, E. G. (1993). *Motivación y personalidad.* Oviedo: KRK Ediciones.

Kipling, R. (1985). *Poemas.* Madrid: Visor libros.

Labrador Encinas, F. J. (coordinador). (2008). *Técnicas de modificación de conducta.* Madrid: Pirámide.

Martínez Perigod, B. F. (2002). Autoesti*ma y motivación. Métodos, Técnicas y formas de conocer y desarrollar.* Santiago de Compostela: Laverde ediciones.

Real Academia Española. (2013). *Diccionario de la lengua española (22ª ed.).* Consultado en http://www.rae.es

Reeve, J. (2003). *Motivación y emoción.* Madrid: McGraw- Hill.

Werber, B. (1994). *El día de las hormigas.* Barcelona: Plaza & Janés Editores.

2. MULTIMEDIA

«Es imposible hacer una buena película sin una
cámara que sea como un ojo en el corazón de un poeta».
Orson Welles
Director de cine

Butterworth, T. y varios (productores) & Green, N. y varios (directores) (2008). *When We Left Earth: The NASA Missions*. USA: Dangerous Films.

Cetta, D. S. (productor) (2013). *The Giving Pledge: A new club for billionaires*. [Documental]. New York: CBS News. 60 minutes.

Chartoff, W., Winkler, C. y Winkler, D. (productores) & Stallone, S. (director) (2006). *Rocky Balboa*. [Cinta cinematográfica]. USA: Metro-Goldwyn-Mayer, Columbia Pictures y Revolution Studios.

DeVito, D. (productor) & Niccol, A. (director) (1997). *Gattaca*. [Cinta cinematográfica]. USA: Columbia Pictures Corporation.

Ennis, C., Taek-Yong L. y Little, J. (productores) & Little J. (director) (2000). *Bruce Lee: A Warrior's Journey*. USA: Warner Home Video.

Forbes III, G. (productor) (2000). *Navy SEALs: BUDS Class 234*. [Documental]. California: Pacific Coast Video.

Fox, J., Nozik, M. y Kacandes, G. (productores) & Gaghan, S. (director) (2005). *Syriana*. [Cinta cinematográfica]. USA: Warner Bros., Participant Productions, 4M, Section Eight, FilmWorks, MID Foundation.

Gavshon, M. H. y Bellinger, P. (productores) (2013). *Death-defying free dives push boundaries*. [Documental]. New York: CBS News. 60 minutes.

Johnson, B., Stern, J. D., Seibel, J. y varios (productores) & Joshua, M. (director) (2013). *Jobs*. [Cinta cinematográfica]. USA: Open Road Films (II), Five Star Institute (as Five Star Feature Films), IF Entertainment (in association with), Venture Forth (in association with), Silver Reel (in association with), Endgame

Entertainment (in association with) (as Endgame Releasing), Devoted Consultants, Endgame Entertainment (in association with), Virgin Produced.

Kostel, M. y varios (productores) & Wurtz, J. y Del Prete, L. (directores) (1994). *Inside the Actors Studio*. [Serie de televisión]. USA: The Actors Studio, Bravo Cable, Betelgeuse Productions LLC, In the Moment Productions Ltd.

3. PERSONAS Y ORGANIZACIONES

«Debemos el progreso a los insatisfechos».
Aldous Huxley
Escritor

Adams, John Quincy. Político.

Allen, James. Escritor.

Alonso Díaz, Fernando. Piloto de Fórmula 1.

Aristóteles. Filósofo.

Armas Junco, Carla. Compositora.

Asimov, Isaac. Escritor y químico.

Beethoven, Ludwig van. Músico.

Benavente, Jacinto. Dramaturgo.

Ben-Gurion, David. Político.

Bolton, Michael (Michael Bolotin). Cantante y compositor.

Bon Jovi. Grupo de rock.

Bublé, Michael Steven. Cantante y compositor.

Carlyle, Thomas. Filósofo.

Castaneda, Carlos. Antropólogo y escritor.

Castro Feijoo, José Luis. Psicólogo.

Cervantes, Miguel de. Escritor.

Churchill, Winston (Winston Leonard Spencer-Churchill). Político.

Coelho, Paulo. Escritor.

Cook, Mary Lou. Escritora.

Copperfield, David (David Seth Kotkin). Mago e ilusionista.

Csikszentmihalyi, Mihaly. Psicólogo.

Curie, Marie. Física y científica.

Daye, Dale. Militar retirado.

Descartes, René. Filósofo, matemático y físico.

Dime qué te escribo. Empresa de servicios de redacción personalizada.

Domínguez Loureiro, José Antonio (J.D.). Graduado en Relaciones Laborales.

Dyer, Wayne W. Escritor.

Edison, Thomas Alva. Inventor.

Eliot, Thomas Stearns. Poeta.

Ellis, Albert. Psicólogo.

Foscolo, Ugo. Escritor y poeta.

Foster, Jodie (Alicia Christian Foster). Actriz.

Franklin, Benjamin. Político, científico e inventor.

Gardner, Howard. Psicólogo.

Gide, André. Escritor.

Hadrian´s Wall (Muro de Adriano). Construcción defensiva romana localizada en Gran Bretaña que data del año 122 a. de C.

Huxley, Aldous. Escritor.

Ingenieros, José. Psiquiatra y psicólogo.

James, William. Psicólogo.

Jaspers, Karl Theodor. Psiquiatra y filósofo.

Jobs, Steven Paul. Empresario y diseñador tecnológico.

Jordan, Michael. Jugador de baloncesto.

Kipling, Rudyard. Escritor y poeta.

Landers, Ann (Esther Pauline «Eppie» Lederer). Consejera y columnista de prensa.

Lao-tsé. Filósofo.

Law, William. Sacerdote y teólogo.

Lee, Bruce. Actor y maestro de artes marciales.

Locke, John. Filósofo.

Lucas, George. Director de cine.

Mandela, Nelson. Político.

Mansfield, Katherine. Escritora.

Marshall, George C. Militar y político.

Marx, Richard. Cantante, compositor y productor musical.

Miller, Henry. Escritor.

Montaner, Ricardo. Músico.

Nadal Parera, Rafael. Tenista.

Navy SEALs. Fuerza de operaciones especiales de la Armada norteamericana.

Nervo, Amado. Poeta.

Nin, Anaïs. Escritora.

Patton, George S. Militar.

Real Filharmonía de Galicia. Orquesta filarmónica.

Redford, Robert (Charles Robert Redford, Jr.). Actor y director de cine.

Rodríguez Castelao, Daniel. Escritor.

Sagan, Carl. Astrónomo.

Saint-Exupéry, Antoine de. Escritor, poeta y aviador.

Sandburg, Carl. Poeta y escritor.

Schopenhauer, Arthur. Filósofo.

Schwarzenegger, Arnold A. Actor, político y culturista.

Sergent, Jean Pierre. Pintor.

Shakespeare, William. Escritor.

Spinoza, Baruch. Filósofo.

Stallone, Sylvester G. Actor, guionista y director de cine.

Steinbeck, John Ernst. Escritor.

The Actors Studio. Organización norteamericana de actores.

The National Aeronautics and Space Administration (NASA). Agencia gubernamental estadounidense para la investigación aeronáutica y astronáutica y el desarrollo del programa espacial civil.

Thomas, Eric. Educador y escritor.

Thoreau, Henry David. Poeta, escritor y filósofo.

Van Dyke, Henry. Escritor.

Vigny, Alfred Víctor de. Poeta, dramaturgo y novelista.

Vita, Franco de. Músico.

Watts, Alan Wilson. Filósofo y escritor.

Weiwei, Ai. Artista y activista político.

Welles, Orson. Director de cine.

Werber, Bernard. Escritor.

West, Morris. Escritor.

Williams, Robin McLaurin. Actor.

Wilson, Woodrow. Político.

Winfrey, Oprah Gail. Comunicadora.

Wright, Lawrence. Escritor.

X, Phil (Philip Xenidis). Músico y guitarrista.

4. OTROS

> «Todo lo que una persona puede imaginar, otros
> pueden hacerlo realidad».
> Julio Verne
> Escritor

Armas, C. (2013). *Carla Armas music*. Zamora: Carla Armas. http://www.carlaarmas.com

Cendán Teijeiro, N. (2013). *Dimequeteescribo.com*. Santiago de Compostela: Dime qué te escribo. http:// www.dimequeteescribo. com

IMDb.com (2013). *Internet Movie Database*. Seattle: IMDb.com Inc. Consultado en http://www.imdb.com

Landers, A. (1999). *Maturity Means Many Things, Including...* [Artículo en prensa]. 17 de Julio, 1999. Chicago: Chicago Tribune. Consultado en http://shar.es/8UrAa

Noves Idees per a la Xarxa, S.L. (2013). *Proverbia.net*. Valencia: Novixar. http://www.proverbia.net

Thomas, E. (2013). *Pain remake*. Michigan: Eric Thomas and associates, LLC. Consultado en http://etinspires.com/ media/videos

Watts, A. (2011). *The life and works of Alan Watts*. California: Electronic University. http://www.alanwatts.com

XI. AUTOR

«Leer un libro enseña más que hablar con su autor, porque el autor, en el libro, solo ha puesto sus mejores pensamientos».
René Descartes
Filósofo, matemático y físico

Nací en A Coruña (España) en 1973. Soy licenciado en Psicología por la Universidad de Santiago de Compostela.

Empecé desarrollando mi labor profesional como psicólogo ejerciendo desde la iniciativa privada, y poniendo en marcha un programa de deshabituación de conductas adictivas. Más tarde trabajé como orientador en un proyecto de inserción laboral destinado a jóvenes, colectivos desfavorecidos y personas en riesgo de exclusión social. En los últimos años he impartido actividades de formación tanto en el sector privado como en colaboración con la Universidad de A Coruña, combinándolas con una labor profesional en la empresa privada, y me he dedicado a escribir libros de psicología práctica.

Soy miembro de la Asociación Colegial de Escritores de España y formo parte de la Author Central de Amazon.com para escritores independientes.

Para saber más sobre mí y sobre mi trabajo, visite mi página web: http://www.ricardocalza.es

Puede enviarme sus sugerencias o comentarios a la dirección de correo electrónico: ricardocalza@hotmail.es

ERRATAS

En caso de que a lo largo del libro haya encontrado algún error o errata, por favor, no deje de indicármelo enviándome un correo electrónico.

www.ingramcontent.com/pod-product-compliance
Lightning Source LLC
Chambersburg PA
CBHW062002280526
45787CB00005B/1964